U0602753

高职高专"十二五"经济管理系列

会计手工核算
基本方法实训

商建军　苏　勇◎主　编

杨秀芝◎副主编

电子工业出版社
Publishing House of Electronics Industry
北京·BEIJING

内 容 简 介

本书根据教育部颁布的《高等职业教育会计专业教学方案》、《基础会计课程教学基本要求》和财政部颁布的《会计基础工作规范》，结合高职会计专业基础会计课程教学的实际需要而编写。本书从高职会计专业的培养目标出发，以企业实际案例为蓝本，以 2014 年最新会计准则、2014 年营改增条款为依据，真实、全面、系统地反映当前形势下高职学生在财务会计方面应具备的基本素质。

本书以提高学生职业能力为根本，以现代教育理念为指引，以现代教育技术为手段，实行项目引领、任务驱动的教学策略。每个学习项目均采用了仿真教学的方式，真正实现了"做中学、学中做"，实现会计课堂教学与会计工作岗位之间的无缝对接。

本书可作为广大会计从业人员学习会计新知识、新技术的良好读物。

未经许可，不得以任何方式复制或抄袭本书之部分或全部内容。

版权所有，侵权必究。

图书在版编目（CIP）数据

会计手工核算基本方法实训 / 商建军，苏勇主编. —北京：电子工业出版社，2015.10
高职高专"十二五"经济管理系列规划教材
ISBN 978-7-121-27374-2

Ⅰ. ①会… Ⅱ. ①商… ②苏… Ⅲ. ①会计学－高等职业教育－教材 Ⅳ. ①F230

中国版本图书馆 CIP 数据核字(2015)第 240572 号

策划编辑：姜淑晶
责任编辑：张　京
印　　刷：北京季蜂印刷有限公司
装　　订：北京季蜂印刷有限公司
出版发行：电子工业出版社
　　　　　北京市海淀区万寿路 173 信箱　邮编 100036
开　　本：787×1092　1/16　印张：12　字数：307 千字
版　　次：2015 年 10 月第 1 版
印　　次：2015 年 10 月第 1 次印刷
定　　价：38.00 元

凡所购买电子工业出版社图书有缺损问题，请向购买书店调换。若书店售缺，请与本社发行部联系，联系及邮购电话：(010) 88254888。

质量投诉请发邮件至 zlts@phei.com.cn，盗版侵权举报请发邮件至 dbqq@phei.com.cn。

服务热线：(010) 88258888。

前　言

　　本实训教程基于会计学基础所涉及的会计手工核算基本方法，旨在培养学生动手核算的能力及理论联系实际的能力；使初学会计的同学能尽快将抽象的会计理论与实践紧密联系起来，在打好理论基础的同时，牢固掌握会计核算的基本方法。

　　实训教程分为两部分：第一部分是单项会计方法模拟实训，分为7个项目实训，分别就会计手工核算的基本方法进行实际操作的训练；第二部分是综合模拟实训，要求学生将零散的知识融会贯通，完整掌握会计核算的全过程，以培养学生综合核算的能力，以及分析问题和解决问题的能力。

　　本实训教程最大的特点是每个实训都根据手工核算的特点而设，首先是知识准备，给学生讲清所要掌握的知识；然后结合实际工作案例，讲解知识要点，并配有图表，直观教学，让学生心到眼到，避免空洞说教；最后是实训，结合实际工作，精心制作大量原始凭证，突出仿真性、实用性。实训配有答案，非常方便学生学习。此外，项目七"纳税申报表填制实训"和综合实训结合2014年"新会计准则"和"税法"有关的"营改增内容"进行详细说明和讲解。题中带※标记的为营改增内容。

　　会计核算的基础是手工账的处理，在会计电算化做账的今天，学生普遍忽视手工账，热衷会计电算化电脑做账。为了纠正学生这种认识上的偏差，针对此，我校财经专业教研组的教师结合多年的工作经验，编写了这本书，目的在于让学生树立"手工做账为基础，电脑做账为手段"的工作理念。

　　本教程主要适用于职业院校会计专业的学生和有志于会计工作的社会青年。

　　教师在指导同学完成实训时，尽量使用与实际会计工作相同的会计用品，记账凭证也可以用会计分录来代替。

　　全书由苏勇老师主笔主持编写，由商建军、杨秀芝副教授总纂和修改，财经系的其他同志也在其中付出了心血和汗水。由于我们水平有限，调查研究不够，加之时间仓促，本实训教程难免有错误之处，恳请同行批评指正，以便在使用过程中不断修改完善，提高实训教程质量。

编　者

2015 年 7 月

目　录

第一部分

单项会计方法模拟实训

项目一　财会数字书写实训

1.1　知识准备一　阿拉伯数字的书写

1.目的

财会阿拉伯数字书写要符合手写的习惯，达到规范化。数字书写要做到正确、清晰、整齐、流畅、标准、规范和美观。

2．阿拉伯数字的书写方法

（1）字体要自右上方向左下方倾斜地写，倾斜度约为60度。

（2）"6"字要比一般数字向右上方长出1/4，"7"和"9"字要向左下方长出1/4。

（3）每个数字要紧靠凭证或账表行格底线书写，字体高度占行格高度的1/2以下，不得写满格以便留有改错的空间。

（4）数字应当一个一个地写，不得连笔写。

（5）字体要各自成形，大小均衡，排列整齐，字迹工整、清晰。

（6）有圆的数字，如6、8、9、0等，圆圈必须封口。

（7）同行的相邻数字之间要空出半个阿拉伯数字的位置。

（8）如果没有账格线，数字书写时要同数位对齐书写。数字书写的整数部分，可以从小数点向左按"三位一节"用分节号"，"分开或空一个位置，以便读数和汇总计算。

（9）正确运用货币符号。表示金额时，阿拉伯数字前面应当写货币符号，货币符号与阿拉伯数字之间不得留有空格。阿拉伯数字书写到分位为止，元位以下保留角、分两位小数，以下四舍五入。元和角之间要用小数点"."隔开，没有角分时，应在小数点后写"0"，数字后面不再写货币单位。

手写体阿拉伯数字书写示范如图1-1所示。

图1-1　手写体阿拉伯数字

1.2　知识准备二　中文大写数字的书写

1．目的

掌握中文大写数字的标准写法，做到要素齐全、数字正确、字迹清晰、不错漏、不潦草。

2．中文大写数字的标准写法

中文大写数字（包括数位）：零、壹、贰、叁、肆、伍、陆、柒、捌、玖、拾、佰、仟、万、亿、元、角、分、整（正）。

3．中文大写金额数字的书写要求

（1）大写金额前加写"人民币"

中文大写金额前应加"人民币"字样，并且与第一个大写数字之间不能留有空格。写数与读数顺序要一致。

（2）正确运用"整"字

中文大写金额到"元"为止的，应当写"整"或"正"字，如¥480.00 应写成"人民币肆佰捌拾元整"。中文大写金额到"角"为止的，可以在"角"之后写"整"或"正"字，也可以不写，如¥197.30 应写成"人民币壹佰玖拾柒元叁角整"或者"人民币壹佰玖拾柒元叁角"。中文大写金额到"分"位的，不写"整"或"正"字，如¥94 862.57 应写成"人民币玖万肆仟捌佰陆拾贰元伍角柒分"。

（3）正确书写中间"零"

① 中文数字中间有"0"时，中文大写金额也要写"零"字，如¥1 304.78 应写成"人民币壹仟叁佰零肆元柒角捌分"。

② 中文数字中间连续有几个"0"时，大写数字只写一个"零"字，如¥6 008.59 应写成"人民币陆仟零捌元伍角玖分"。

③ 中文数字万位或元位是"0"，或者数字中间连续有几个"0"，万位、元位也是"0"，但千位、角位不是"0"时，中文大写金额中可以只写一个"零"字，也可以不写"零"字。例如，¥3 200.47 应写成"人民币叁仟贰佰元零肆角柒分"，也可以写成"人民币叁仟贰佰元肆角柒分"；又如，¥107 000.23 应写成"人民币壹拾万柒仟元零贰角叁分"，也可以写成"人民币壹拾万零柒仟元贰角叁分"，还可以写成"人民币壹拾万柒仟元贰角叁分"；再如，¥6 000 010.29 应写成"人民币陆佰万零壹拾元零贰角玖分"，也可以写成"人民币陆佰万零壹拾元贰角玖分"。

④ 中文数字角位是"0"，而分位不是"0"时，中文大写金额元后面应写"零"字。例如，¥125.04 应写成"人民币壹佰贰拾伍元零肆分"；又如，¥60 309.07 应写成"人民币

陆万零叁佰零玖元零柒分"。

（4）"壹"开头的别丢"壹"

当中文数字首位是"1"时，前面必须写上"壹"字。例如，¥16.74应写成"人民币壹拾陆元柒角肆分"；又如，¥100 000.00应写成"人民币壹拾万元整"。

（5）会计数字书写容易出错的问题解析

① 小写金额为5 500元

正确写法：人民币伍仟伍佰元整

错误写法：人民币　伍仟伍佰元整

错误原因："人民币"三字离金额有空白距离

② 小写金额为6 150.50

正确写法：人民币陆仟壹佰伍拾元零伍角整

其他写法：人民币陆仟壹佰伍拾元伍角整

③ 小写金额为195 000.00元

正确写法：人民币壹拾玖万零伍仟元整

错误写法：人民币拾玖万伍仟元

错误原因：漏记"壹"和"整"字。

④ 小写金额61 036 000.00元

正确写法：人民币陆仟壹佰零叁万陆仟元整

错误写法：人民币陆仟壹佰万零叁万陆仟元

错误原因：多写一个"万"字，少了一个"整"字。

⑤ 小写金额35 100.96元

正确写法：人民币叁万伍仟壹佰元零玖角陆分

错误写法：人民币叁万伍仟壹佰零玖角陆分整

错误原因：漏写一个"元"字，多了一个"整"字。

⑥ 小写金额150 001.00元

正确写法：人民币壹拾伍万零壹元整

错误写法：人民币壹拾伍万元另壹元

错误原因：将"零"写成"另"，多出一个"元"字，少了一个"整"字。

（6）写错不准涂改

为了防止作弊，银行、单位和个人填写的各种票据和结算凭证的中文大写金额一律不许涂改，一旦写错，则该凭证作废，需要重新填写。因此，会计人员在书写中文大写数字时必须认真填写，以减少书写错误的发生。

4. 中文大写票据日期的书写要求

在会计工作中，经常要填写支票、汇票和本票，这些票据的出票日期必须使用中文大写。为了防止变造票据的出票日期，在填写月时，月为壹、贰和壹拾的，应在其前面加"零"。日为壹至玖和壹拾、贰拾、叁拾的，应在其前面加"零"；日为拾壹至拾玖的，应在其前面加"壹"。例如，1 月 12 日应写成"零壹月壹拾贰日"；10 月 30 日应写成"零壹拾月零叁拾日"；2008 年 4 月 9 日应写成"贰零零捌年肆月零玖日"。

1.3 本章实训

🧩 实训 1 阿拉伯数字小写书写实训

在表 1-1 账格中用规范化的阿拉伯数字书写。

表 1-1 用规范化的阿拉伯数字书写

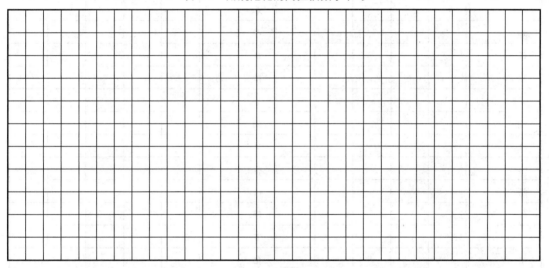

🧩 实训 2 0～9 十个阿拉伯数字反复书写 30 遍，且符合标准。要求财会专业达到三级标准，非财会专业达到四级标准。试试看你达到了几级？

一级 2.5 分钟以内完成；二级 3 分钟以内完成；

三级 3.5 分钟以内完成；四级 4 分钟以内完成。

🧩 实训 3 将下列中文大写数字写成阿拉伯数字。

（1）人民币伍佰壹拾柒元伍角肆分 应写成＿＿＿＿＿＿＿＿

（2）人民币肆亿伍仟贰佰万零陆仟玖佰柒拾捌元整 应写成＿＿＿＿＿＿＿＿

（3）人民币叁仟伍佰万零贰拾元捌角整 应写成＿＿＿＿＿＿＿＿

（4）人民币壹拾玖万零贰拾叁元整 应写成＿＿＿＿＿＿＿＿

（5）人民币捌角捌分 应写成＿＿＿＿＿＿＿＿

（6）人民币柒万肆仟伍佰零贰元捌角陆分 应写成＿＿＿＿＿＿＿＿

（7）人民币玖仟叁佰元零伍角肆分 应写成＿＿＿＿＿＿＿＿

（8）人民币叁佰贰拾肆万零捌佰零壹元零玖分 应写成＿＿＿＿＿＿＿＿

（9）人民币壹拾万元伍角整 应写成＿＿＿＿＿＿＿＿

（10）人民币陆佰万零壹元零柒分 应写成＿＿＿＿＿＿＿＿

❀ 实训 4 对照表 1-2 中的文字分别用楷体和行楷练习中文大写数字的书写。

表 1-2 中文大写数字书写练习

零					零					
壹					壹					
贰					贰					
叁					叁					
肆					肆					
伍					伍					
陆					陆					
柒					柒					
捌					捌					
玖					玖					
拾					拾					
佰					佰					
仟					仟					
万					万					
亿					亿					
元					元					
角	、				角					
分					分					
整					整					

❀ 实训 5 将中文大写数字从零到拾书写 10 遍。试试看，5 分钟以内你写完了吗？是否正确、清晰、整齐、流畅、标准、规范和美观？

❀ 实训 6 将阿拉伯数字写成中文大写数字

（1）¥128 703.49 应写成＿＿＿＿＿＿＿＿＿＿＿＿

（2）¥160 100.00 应写成＿＿＿＿＿＿＿＿＿＿＿＿

（3）¥580.01 应写成＿＿＿＿＿＿＿＿＿＿＿＿

（4）¥3 001 070.10　　　应写成_____

（5）¥60 000.09　　　应写成_____

（6）¥109 000.09　　　应写成_____

（7）¥206 050.03　　　应写成_____

（8）¥80 001.09　　　应写成_____

（9）¥76 003 000.09　　　应写成_____

（10）¥96 274.58　　　应写成_____

❀ 实训 7　练习日期大写

（1）2009 年 10 月 20 日　　应写成_____

（2）2010 年 01 月 30 日　　应写成_____

（3）2013 年 12 月 02 日　　应写成_____

（4）2014 年 10 月 10 日　　应写成_____

项目二　原始凭证填制与审核实训

2.1　知识准备一　原始凭证的填制要求

1. 真实可靠、手续完备

原始凭证上记载的经济业务，必须与实际情况相符。如实记录经济业务的真实情况，决不允许有任何歪曲或弄虚作假的情况。每张凭证上填列的日期、业务内容、数量、单价、金额等应当真实可靠，这样才能保证会计信息的客观真实性。

从外单位取得的原始凭证，必须有填制单位的公章（或专用章）；从个人取得的原始凭证必须有填制人签名或盖章。自制原始凭证，必须有部门负责人和经办人员的签名或盖章，对外开出的原始凭证，必须加盖章本单位的公章或有关部门的专用章。

2. 内容完整、书写清楚

（1）严格按规定的格式或内容逐项填写经济业务的完成情况。

（2）凭证上的文字，用正楷字或行书书写，字迹要工整、清晰，易于辨认，不使用未经国务院颁布的简化字。

（3）一式几联的凭证，必须用双面复写纸套写，单页凭证必须用钢笔填写。

（4）凭证填写发生错误，应按规定的方法更正。不得任意涂改或刮挖擦补，现金和银行存款等收付凭证填写错误，不能在凭证上更正，应按规定的手续注销留存，另行重新填写。

3. 数字填写必须准确无误，并按规定书写

（1）原始凭证上的数字填写必须清晰、正确，易于辨认。金额前要写明货币符号，如人民币用"￥"表示，港币用"HK＄"表示，美元用"US＄"表示等。

（2）阿拉伯数字要单个书写，不得连笔，金额大写一律用正楷字或行书书写，如壹、贰、叁、肆、伍、陆、柒、捌、染、拾、佰、仟、万、亿、元（圆）、角、分、零、整（正），大写金额最后为"元"、"角"的应加写"整"或"正"字断尾。

（3）金额数要写到角、分为止，无角、分的用"0"或符号"—"表示，有角无分的，分位应写"0"，此时不能用符号"—"。

（4）填写大写金额时，事先印好的"人民币"字样与大写数字之间不得留空；金额数字中间有"0"时，汉字大写金额要写"零"字，如¥709.50，汉字大写金额应写成人民币柒佰零玖元伍角整。数字中间连续有几个"0"时，汉字大写金额中可以中写一个"零"字，如¥3 009.51，汉字大写金额应写成人民币叁仟零玖元伍角壹分。书写时，数字的大写金额和小写金额必须保持一致。

4．连续编号、及时填制

各种凭证都必须连续编号，以备查考。一些事先印好编号的重要凭证作废时，在作废的凭证上应加盖"作废"戳记，连同存根一起保存，不得随意撕毁。所有经办业务的有关部门和人员，在经济业务实际发生或完成时，必须及时将原始凭证送交会计部门。

2.2　知识准备二　典型原始凭证填制示例

1．原始凭证1　转账支票的填写

华月股份有限公司2014年12月2日向保定市宏达运输公司支付运费43 162.00元。公司法人苏锦达。填制一张转账支票进行支付（见表2-1）。

表2-1　填制一张转账支票示例

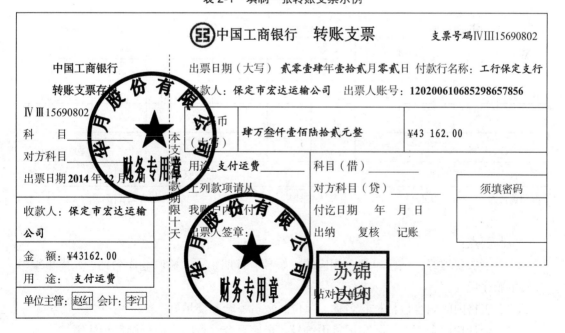

填制要点：以中间虚线为为界，虚线右边填好后要交给客户，左边留存为记账依据。
（1）日期要大写。在会计工作中，经常要填写支票、汇票和本票，这些票据的出票日

期必须使用中文大写。为了防止变造票据的出票日期，在填写月时，月为壹、贰和壹拾的，应在其前面加"零"。日为壹至玖和壹拾、贰拾、叁拾的，应在其前面加"零"；日为拾壹至拾玖的，应在其前面加"壹"。例如，1 月 12 日应写成"零壹月壹拾贰日"；10 月 30 日应写成"零壹拾月零叁拾日"；2014 年 12 月 2 日应写成"贰零壹肆年壹拾贰月零贰日"。

（2）收款人要写全称。

（3）金额大小写要一致。

（4）款项用途要如实写。

（5）加盖企业财务专用章和企业法人章。

（6）沿虚线加盖企业财务专用章，以后左边企业留存作为记账的依据。

2. 原始凭证 2　材料入库单的填制

华月公司 2014 年 12 月 5 日从天马公司购入 B 材料到达，验收入原材料库，同时收到相关发票。发票中载明应收数量 6000 千克，单价 15.00 元，运杂费 2500 元。由原材料库负责人刘刚和仓库收料员钱华共同组织验收，实收数量 6000 千克。由李江填制材料入库单（见表 2-2）。

表 2-2　材料入库单示例

材料入库单

供应单位：天马公司　　　　　　　　　　　　　　　　　　编号：0001
发票号码：№058888886　　　2014 年 12 月 5 日　　　　　仓库：原材料库

材料名称	规格	编号	单位	数量		金额			
				应收	实收	单价	发票金额	运杂费	合计
B 材料		02	千克	6 000	6 000	15.00	90 000.00	2 500.00	92 500.00
合计									¥92 500.00
备注：							验收人签章：钱华		

部门负责人：刘刚　　　　　复核人：钱华　　　　　制表人：李江

填制要点：

（1）表头要填好，供应单位、相应的发票号、日期小写、验收仓库名称、入库单编号按发生顺序填写。

（2）表格内的内容包括材料名称、单位、数量、金额要填好。

（3）合计栏中金额前不要忘记货币符号，金额至合计行的空白行画斜线注销。

（4）表位相关人员要签字盖章。

3．原始凭证 3　领料单的填制

生产车间 2014 年 12 月 6 日从原材料领用甲材料 10 500 千克用于生产甲产品。原材料库如实发给，单价 40 元。由仓库管理员张杰发料，仓库负责人刘刚负责，生产车间负责人赵华领料，李江填制领料单（见表 2-3）。

表 2-3　领料单示例

领　料　单

领料车间（部门）：**生产车间**　　　　　　　　　　　　　仓库：**原材料库**

用途：**生产甲产品**　　　　　　　**2014 年 12 月 6 日**　　　编号：**0001**

材料编号	材料名称	规格	计量单位	数量		金额	
				请领	实发	单位成本	总金额
01	**甲材料**		**千克**	**10 500**	**10 500**	**40**	**420 000.00**
合　　计							**¥420 000.00**

备注：

部门负责人：刘刚　　　发料人：张杰　　　领料人：赵华　　　制表人：李江

单位主管：赵红　会计：李勇

填制要点：

（1）表头要填好，领用部门、用途、日期小写、发料仓库名称、发料单编号按发生顺序填写。

（2）其他内容参考收料单的填制。

4．原始凭证 4　收据的填制

财会部 2014 年 12 月 10 日收到职工张亮退回原预借差旅费的多余现金 20 元，由出纳马红当面收妥，填制收据一张（见表 2-4）。

表 2-4 收据示例

收 款 收 据

2014 年   12 月   10 日

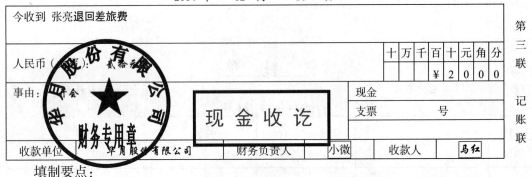

今收到 张亮退回差旅费									
人民币（大写）：贰佰元整				十万	千	百	十	元	角	分
							¥	2	0	0	0
事由：		现金收讫		现金				
				支票 号				
收款单位 华月股份有限公司	财务负责人	小微	收款人	马红

第 三 联 记 账 联

填制要点：

现金当面收妥后，不要忘记加盖"财务专用章"、"现金收讫"印章和相关人员签字盖章。

5．原始凭证 5　借款单的填制

厂行政部人员李明 12 月 11 日因公出差，向财会部预借 5000 元，填制借支单一张（见表 2-5）。

表 2-5 借支单示例

借 支 单

2014 年 12 月 11 日

姓　　名	李 明	工作部门	行政部	职务	科长
借款原因	去北京开会		领导审批	同意 苏锦达印	
借 支 金 额	人民币（大写）伍仟元整	现金付讫		¥5 000.00	
借款人签名	李明				

填制要点：

（1）一定要有企业负责人的审批意见和签字盖章。

（2）要有现金付讫章。

（3）相关人员要签字盖章。

6．原始凭证 6　自制电费分配表

12 月 30 日根据各部门用电情况，由李江填制电力分配表（见表 2-6）。

表 2-6　电力分配表示例

电费分配表

2014 年 12 月 30 日

项　　目		用电量（度）	单　价	金　　额
总账科目	明细科目			
生产成本	甲产品	6 456	0.68	4 390.80
	乙产品	3 628	0.68	2 467.04
制造费用		2 188	0.68	1 487.84
管理费用		675	0.68	459
合　　计		12 947		￥8 803.96

部门负责人：赵红　　　　　复核人：钱华　　　　　　　制表人：李江

填制要点：

（1）表体内要根据用电部门填好相对应的科目。

（2）表体内计算要填好每部门用电量用数字表示，单价和金额相应地要体现出货币形式。

（3）相关人员签字。

其他自制原始凭证的填写可参考自制电费分配表的填制方法。

2.3　知识准备三　原始凭证的审核

1．真实性审核

审核原始凭证，首先审核其真实性，看它是否真实。如果不是真实的，就谈不上合法性、合理性和完整性审核了。所谓真实，是指原始凭证上反映的应当是经济业务的本来面目，不得掩盖、歪曲和颠倒真实情况。

（1）经济业务双方当事单位和当事人必须是真实的。开出原始凭证的单位、接受原始凭证的单位、填制原始凭证的责任人、取得原始凭证的责任人都要据实填写，不得冒他人、他单位之名，也不得填写假名。

（2）经济业务发生的时间、地点及填制凭证的日期必须是真实的。不得把经济业务发生的真实时间改变为以前或以后的时间；不得把在甲地发生的经济业务改变成在乙地发生，也不得把填制原始凭证的真实日期改变为以前或以后的日期。

（3）经济业务的内容必须是真实的。是购货业务，必须标明货物的名称、规格、型号等；是住宿业务，就要标明住宿的日期；是乘坐交通工具业务，就得标明交通工具种类和起止地点；是就餐业务，必须标明就餐，不得把购物写成就餐，把就餐写成住宿；是劳动报酬支付，就应该附有考勤记录和工资标准等。

（4）经济业务的"量"必须是真实的。购买货物业务，要标明货物的重量、长度、体积、数量；其他经济业务也要标明计价所使用的量。最后，也是最关键的一点，就是单价、金额必须是真实的。不得在原始凭证填写时抬高或压低单价，多开或少开金额。

2. 合法性审核

合法性审核是审核原始凭证所记载的经济业务是否符合有关财经纪律、法规、制度等的规定，有无违法乱纪行为。若有，应予揭露和制止，根据《会计法》的规定，对不真实、不合法的原始凭证，有权不予接受，并向单位负责人报告。

3. 合理性审核

合理性审核，审核经济业务的发生是否符合本单位事先制定的计划、预算等的要求，有无不讲经济效益、脱离目标的现象，是否符合费用开支标准，有无铺张浪费的行为。

4. 完整性审核

完整性审核是指审核原始凭证是否将有关内容填写齐全，各项目是否按要求填写。对原始凭证完整性的审核，首先要审核原始凭证的各构成要素是否齐全。其次，审核各要素内容填制得是否正确、完整、清晰，特别是对凭证中所记录的数量、金额的正确性要进行认真审核，检查金额计算有无差错，大小写金额是否一致等。最后，审核各经办单位和人员签章是否齐全。根据《会计法》规定，对记载不准确、不完整的原始凭证予以退回，并要求按照国家统一的会计制度的规定更正、补充。

2.4　本章实训

2.4.1　实训一　原始凭证的填制

根据下述资料，按照原始凭证的填制要求，填写各种原始凭证。

实训目的

通过实训使学生掌握原始凭证的填制技能。

实训要求

根据下列资料填制原始凭证。所需印章可手工自己绘制。

实训资料

企业名称：保定市华月股份有限责任公司（增值税一般纳税人）。

开户行：工商银行建国路支行 5200135690704。

纳税人登记号：1201238856789。

会计人员：陈力；出纳员：马红；会计主管：小微；企业法人：苏锦达。

2014 年 6 月发生的有关交易或事项如下。

（1）6 月 1 日，开出现金支票从银行提取 3 000 元现金备用。应填制现金支票，如表 2-7 所示。

表 2-7 现金支票

中国建设银行现金支票存根 No.33306451 附加信息 _____ _____ 出票日期 年 月 日 收款人： 金 额： 用 途： 单位主管： 会计：	中国建设银行现金支票 No. 33306451

（2）6 月 1 日，销售科职工苏海赴大连开商品展销会，经批准向财务科借差旅费 2 000 元，财务人员审核无误后付现金。应填制借款单，如表 2-8 所示。其中，领导：苏锦达；财务主管：小微；出纳：马红。

表 2-8 借款单

借 款 单

年 月 日

部 门			借款事由	
借款金额	金额（大写）			￥_____
批准金额	金额（大写）			￥_____
领导		财务主管	出纳	借款人

（3）6 月 2 日，出纳员将当天的销售款 95 600 元现金存入银行。其中，面额 100 元的

800 张，面额 50 元的 300 张，面额 10 元的 60 张。由出纳填制银行现金交款单，如见表 2-9 所示。

表 2-9　中国建设银行现金交款单

中国建设银行现金交款单

账别：　　　　　　　　年　　月　　日

交款单位		收款单位								
款项来源		账号		开户银行						

| 大写金额 | | | | | | 亿 | 千 | 百 | 十 | 万 | 千 | 百 | 十 | 元 | 角 | 分 |

面额一百元的								张数：	科目（贷） 对方科目（借）纱、现金
面额五十元的								张数：	
面额十元的								张数：	

（4）6 月 8 日，本月第一笔购料为向天津市海河纺织厂购进棉纱 100 匹，单价每匹 3 000 元，增值税 51 000 元，开出转账支票付款，材料验收入原材料库。应填制材料入库单和转账支票，如表 2-10 和表 2-11 所示。其中，仓库负责人：刘进；收料人：张占军；制单：马奋。

表 2-10　材料入库单

材料入库单

供应单位：　　　　　　　　年　　月　　日

发票号：111111　　　　　　　　　　　　　　　　　　收字第号

| | 材料名称 | 规格材质 | 计量单位 | 应收数量 | 实收数量 | 单价 | 金额 | | | | | | | | | 第二联记账联 |
							千	百	十	万	千	百	十	元	角	分	
				运杂费												
				合计												
备注																

仓库：原材料库　　　　会计：　　　　收料员：　　　　制单：

表 2-11　转账支票

| 中国建设银行
转账支票存根
No.33888995

附加信息 ＿＿＿＿＿
＿＿＿＿＿＿＿
＿＿＿＿＿＿＿

出票日期　年　月　日

收款人：
金　额：
用　途：

单位主管：　会计： | 本支票付款期限十天 | 中国建设银行转账支票　　　　No. 33888995

出票日期（大写）　　年　月　日　付款行名称：
收款人：＿＿＿＿＿＿＿＿＿　出票人账号：

人民币　　　　　　　　　　　百十万千百十元角分
（大写）

用途＿＿＿＿＿＿＿
上列款项请从
我账户内支付
出票人签章　　　　　　　复核　　　记账 |

（5）6月9日，苏海开会回来报销差旅费 1896 元，退回现金 104 元，由出纳根据差旅费报销单开出收据一张。收据如表 2-12 所示，差旅费如表 2-13 所示。

表 2-12　统一收款收据

统一收款收据

年　　月　　日

交款单位 或交款人		收款方式	
			备注：
事由＿＿＿＿＿＿＿＿＿＿＿＿＿			
金额（人民币大写）：＿＿＿＿＿＿＿＿　　¥			
收款人：　　　　　收款单位（盖章）			

表 2-13　差旅费报销单

差 旅 费 报 销 单

部门：销售科　　　　　　　　2014 年 6 月 9 日

姓名	苏海		出差事由		大连开会	出差自 2014 年 6 月 3 日			共 6 天		附
						至 2014 年 6 月 9 日					单
起讫时间及地点						车船票		夜间乘车补助费			出差乘补费			住宿费	其他		据
月	日	起	月	日	讫	类别	金额	时间	标准	金额	日数	标准	金额	金额	摘要	金额	
6	3	保定	6	3	大连	火车	38										共
6	8	大连	6	8	保定	火车	38				6	50	300	720		800	叁
																	张
小计							76						300	720		800	
合计金额（大写）：壹仟捌佰伍拾元整																	
备注：预借 2 000.00　核销 1 896.00　退补 104.00																	

单位领导：苏锦达　　财务主管：小微　　审核：马红　　填报人：苏海

（6）6 月 10 日，向个体户张三销售男装 5 套，每套 800 元（含增值税），销售衬衣 100 件，每件 50 元（含增值税），收到现金并开出零售发票。应填制销售发票如表 2-14 所示，由销售人员苏泽开票。

表 2-14　河北省商品销售统一发票

河北省商品销售统一发票
发 票 联

客户名称及地址：　　　　　　　　　　年　月　日填制

品 名	规 格	单 位	数 量	单 价	金　额						备 注	第二联　发票联
					万	千	百	十	元	角	分		
合 计													
合计金额（大写）　　万　仟　佰　拾　元　角　分													

填票人：　　　　收款人：　　　　单位名称（盖章）

（7）6 月 12 日，向大世界商场销售成衣，其中男衬衫 50 套，每套 700 元，女裙装 30

套，每套 600 元（不含增值税），开出增值税专用发票（见表 2-15），收到对方的转账支票。当日填写银行进账单送存银行（见表 2-16），销售人员苏泽填制增值税专用发票，出纳填制银行进账单。

表 2-15　河北省增值税专用发票

河北省增值税专用发票
抵 扣 联

开票日期：　年 月 日

购货单位	名　　　称：大世界商场 纳税人识别号：1550048815657 地　址、电　话：辽阳市新运大街 231 号 2011456 开户行及账号：工商银行辽阳市分行 770186588	密码区	6+-〈2〉6〉927+296+/ 446〈600375〈35〈4/ 2-2〈2051+24+2618〈7 /3-15〉〉09/5/-1〉〉〉+2	加密版本：01 37009931410 0445

货物或应税劳务名称	规格型号	单 位	数 量	单 价	金 额	税 率	税 额
合　　　计							

价税合计（大写）		（小写）

销货单位	名　　　称： 纳税人识别号： 地　址、电　话： 开户行及账号：	备注	

收款人：　　　　　复核：　　　　　开票人：　　　　　销货单位：（章）

第一联　抵扣联　购货方抵扣凭证

注：增值税专用发票一式三联，第一联抵扣联，第二联发票联，第三联记账联。

表 2-16　中国建设银行进账单（收账通知）

中国建设银行进账单（收账通知）

年 月 日　　　　　第 号

付款人	全称		收款人	全称											交此给联收是款收人款收人账开通户知行
	账号			账号											
	开户银行			开户银行											
人民币 （大写）					千	百	十	万	千	百	十	元	角	分	
票据种类															
票据张数															
单位主管　会计　复核　记账			收款人开户行盖章												

✿ 实训2 原始凭证的审核

1. 实训要求

（1）审核原始凭证。以有关的法令、制度及计划等为依据对每笔交易或事项所涉及的原始凭证进行审核，审查原始凭证所反映的交易或事项是否合理合法，同时审查原始凭证的内容是否完整、各项目填列是否齐全、数字计算是否正确以及大小写金额是否相符等。

（2）以下是华月胶带有限公司2014年4月填制的有关原始凭证，请指出存在的问题。每笔交易或事项所取得或填写的原始凭证中，至少有一处或多处错误或不完整。认真审核后指出其中存在的问题并提出修改处理意见和方法。

2. 实训资料

（1）2014年4月3日，采购员王敏赴北京采购材料，填写一份借款单（表2-17）并经主管领导批准。

表2-17 借款单

借 款 单

2014 年 4 月 3 日

部 门		供应科		借款事由：参加订货会
借款金额（人民币大写）贰仟元整			¥：2 000.00	
批准金额（人民币大写）贰仟元整			¥：2 000.00	
领导	苏锦达	财务主管	小微	借款人：

（2）2014年4月8日，加工车间领用一号钢4 000千克，计划单价10元，领用二号钢3 000千克，计划单价5元（工作单号1220，工作项目车工），生产锁具。填制领料单一张（见表2-18），领料人：张静；仓库负责人：王丹；记账：王丹；发料人：王红。

表2-18 华月公司领料单

华月公司领料单

领料部门： 　　　　　　　　　　2014 年 4 月 8 日

材 料		单 位	数量		计划单价	金 额	过账
规格及名称			请 领	实 发			
一号钢		千克	4 000	4 000	10.00	40 000.00	
二号钢		千克	3 000	3 000	5.00	15 000.00	
工作单号	1220	用途					
工作项目							

仓库负责人： 　　　记账： 　　　发料：王红 　　　领料：

（3）2014 年 4 月 9 日，销售 CG-1 产品 500 件，单价 200 元，HG-2 产品 500 件，单价 100 元，开出增值税专用发票一份（见表 2-19）并将有关联交与东方明珠有限公司，同时收到东方明珠签发的转账支票一张（见表 2-20），尚未送存银行。

表 2-19 河北省增值税专用发票

表 2-20 转账支票（中国工商银行）

（4）4月10日，签发现金支票一张（见表2-21），金额 38 566.30 元,从银行提取现金以备发工资。企业法人：苏锦达。

表 2-21　转账支票（中国建设银行）

中国建设银行 转账支票存根 No.33889990	中国建设银行转账支票		No. 33889990

中国建设银行
转账支票存根

No.33889990

附加信息
_____
_____

出票日期 2014 年 4 月 10 日

收款人：

金　额：¥386 566.30

用　途：发工资

单位主管：　会计：

中国建设银行转账支票　　　　No. 33889990

出票日期（大写）贰零壹肆年 肆月 壹拾日　付款行名称：建设银行福州路支行

收款人：华月胶带股份有限公司　出票人账号：560101180016

人民币 叁万捌仟伍佰陆拾陆元叁角
（大写）

百	十	万	千	百	十	元	角	分
		¥	3	8	5	6	6	3	0

用途：发工资
上列款项请从
我账户内支付
出票人签章　　　　复核　　　记账

（5）4 月 18 日，办公室职员张明拿来发票一张（见表 2-22），报销购买笔记本、钢笔等办公用品费用。

表 2-22　河北省商品销售统一发票

河北省商品销售统一发票
发 票 联

客户名称及地址：华月股份有限公司　　　2014 年 4 月 18 日 填制

品　名	规　格	单　位	数　量	单　价	金　额							第二联 发票联
					万	千	百	十	元	角	分	
笔记本		本	20	6.00		1	2	0	0	0		
钢笔		支	12	14.80		1	6	5	6	0		
合　计						¥	2	8	5	6	0	

合计金额（大写）贰佰捌拾伍元陆角零分

填票人：刘静　　　　　收款人：王丽鹃　　　　　单位名称（盖章）

项目三　原始凭证理解实训

3.1　知识准备　原始凭证的理解

只有正确理解原始凭证，才能正确书写记账凭证，才能正确核算企业的经济业务，因此，理解原始凭证也就是要弄清楚手中所拿的原始凭证反映的经济业务。方法是对原始凭证表头、表体、表尾仔细阅读，清楚原始凭证——这个业务载体说清是什么业务、经办人有谁等，然后把一笔业务的原始凭证联系起来，在头脑中勾勒描述出一个清晰明了的业务。

3.2　原始凭证业务理解案例

以下是华月股份有限公司一组带有原始凭证的经济业务。

🍀 【实训案例1】（见表3-1）

表3-1　中国工商银行借款凭证

中国工商银行借款凭证

日期：2014 年 4 月 2 日　　　　凭证号码：0980175

借款人	华月股份有限公司		账　号				5200135690704								
贷款金额	人民币（大写）玖万元整			千	百	十	万	千	百	十	元	角	分
						¥	9	0	0	0	0	0	0
用途	生产流动周转使用	期限	约定还款日期		2014 年 10 月 2 日			
		6个月	贷款利率	4%	借款合同号码		26138	

上列贷款已转入借款人指定的账户

工商银行五一支行
14.04.02
业务受理

银行盖章　　　　复核　　　　记账

这是一笔反映 4 月 2 日从银行取得为期 6 个月、年利率 4%的借款 90 000 元，用于生产周转。

♣ 【实训案例 2】（见表 3-2 和表 3-3）

表 3-2　现金支出凭单

现　金　支　出　凭　单

用款事项：预借差旅费_____	现金付讫
人民币（大写）：叁仟元整　　　　　　　¥3 000 元_____	
收款人 杜鹏　　　主管人员：小微　会计人员：陈力　　　出纳员：马红	
（签章）　　　　　（签章）　　　　　　（签章）　　　　　（签章）	

表 3-3　差旅费借款单

差旅费借款单

2014 年　4 月　8 日

部　门	办公室主任		借　款　人		杜鹏
借款原因	到上海参加会议				
借款金额	大写：人民币（大写）：叁仟元整				
单位负责人	苏锦达	财务审核	小微	出纳	马红

这两张原始凭证反映的是：4 月 8 日，办公室主任杜鹏预借差旅费 3 000 元，到上海参加会议，经领导同意，出纳当面点好现金并当面付给。

♣ 【实训案例3】（见表3-4 至表3-6）

表3-4　中国工商银行转账支票存根

中国工商银行
转账支票存根　（京）

XIV 00000006

附加信息

出票日期 2014 年 4 月 11 日

| 收款人：沧州东方电子配件有限公司 |
| 金　额：¥53 937.00 |
| 用　途：支付材料采购款 |

单位主管 小微　　　会计 陈力

表3-5　沧州市增值税专用发票

沧州市增值税专用发票

发票联　　　　　　　　开票日期：2014 年 4 月 11 日

购货单位	名　　称：华月股份有限公司					密码区		（略）	
	纳税人识别号：1201338856789								
	地址、电话：保定市科技园区 66 号								
	开户行及账号：工商银行建国路支行　5200135690704								
货物或应税劳务名称	规格型号	单位	数量	单价	金额		税率	税额	
电路板		个	100	101.00	10 100.00		17%	1 717.00	
芯片		个	300	120.00	36 000.00		17%	6 120.00	
合　　　计					46 100.00			7 837.00	
价税合计（大写）	伍万叁仟玖佰叁拾柒元整							（小写）¥53 937.00	
销货单位	名　　称：沧州东方电子配件有限公司					备注			
	纳税人识别号：630010471249642								
	地址、电话：沧州市海淀区 010-60226386								
	开户行及账号：中行海淀支行 3002678659621								

收款人：　　　复核：　　　开票人：李华　　　销货单位（章）：

表 3-6 收料单

收 料 单

材料类别：原材料及主料

供货单位：沧州东方电子配件有限公司   收料单号码：1

发票号码：   2014 年 4 月 11 日   收料仓库： A 仓库

材料名称	规格	计量单位	数量		实际成本					
			应收	实收	买价		运杂费	其他	合计	单位成本
					单价	金额				
电路板		个	100	100	101.00	10 100.00			10 100.00	101
芯片		个	300	300	120.00	36 000.00			36 000.00	120
合计						46 100.00			46 100.00	

仓库负责人：张涵   收料人：刘琦

　　这三张原始凭证结合在一起反映 4 月 11 日，向沧州东方电子配件有限公司购进原材料电路板 100 个、单价 101 元，芯片 300 个、单价 120 元，共计货款 46 100 元，增值税 7 837 元；材料已入库，并开出转账支票支付货款。

🏵 【实训案例 4】（见表 3-7 和表 3-8）

表 3-7 差旅费报销单

差旅费报销单

2014 年 4 月 16 日

起止日期				地　点	车船费	邮电	住勤费			途中标准	伙食补助		合　计
月	日	月	日				标准	天数	金额		天数	金额	
4	8	4	15	长春	1 100	50	50	7	350		7	100	2 200
		合　计											

人民币（大写）贰仟贰佰元整   应退（补）：800.00

派出单位领导：   财务主管：小微   复核：陈力   出纳：马红

表 3-8　收款收据

收　款　收　据

2014 年 4 月 16 日

<table>
<tr><td colspan="2">今收到 杜鹏退回差旅费</td><td rowspan="4">第三联　记账联</td></tr>
<tr><td>人民币（大写）：　捌佰元整</td><td>十 万 千 百 十 元 角 分
　　　　　8 0 0 0 0</td></tr>
<tr><td>事由：　　　现金收讫</td><td>现金
支票　　　号</td></tr>
<tr><td>收款单位 财务专用章 华凤股份有限公司</td><td>财务负责人 小微　收款人 马红</td></tr>
</table>

这笔业务反映 4 月 16 日，办公室主任杜鹏出差归来报销差旅费 2 200 元，应交回现金 800 元。

❖ 【实训案例 5】（见表 3-9 至表 3-11）

表 3-9　商品出库单

商　品　出　库　单

销字第 006 号

购货单位：广州万顺通信有限公司　　　　　　　　**2014 年 4 月 18 日**

商品名称及规格	单　位	数　量	
手机	台	40	第二联　会计记账
合　计		40	

主管人：小微　　会计：陈力　　记账：陈力　　制单：陈力

表 3-10 河北省增值税专用发票（发票联）

河北省增值税专用发票

发 票 联

开票日期：2014 年 4 月 20 日

购货单位	名　　　称：广州万顺通信有限公司					密码区	（略）		第二联 发票联 购货方记账凭证
	纳税人识别号：**67130000935432**							
	地址、电话：广州城东区朝阳路 165 号							
	开户行及账号：交通银行城东支行 6678000022237865							
货物或应税劳务名称	规格型号	单位	数量	单价	金额	税率	税额	
手机			40	1 250.00	50 000.00	0.17	8 500.00	
合　　　计					50 000.00		8 500.00	
价税合计（大写）	人民币伍万捌仟伍佰元整			（小写）¥58 500.00				
销货单位	名　　　称：华月股份有限公司					备注		
	纳税人识别号：1201338856789							
	地址、电话：保定市科技园区 66 号							
	开户行及账号：工商银行建国路支行 5200135690704							

收款人：　　　　复核：　　　　开票人：李华　　　　销货单位（章）

表 3-11 托收凭证

托收凭证（受理回单）　1

付款期限 2014 年 4 月 30 日

委托日期 2014 年 4 月 20 日

业务类型	委托收款（☑ 邮划、□ 电划）			托收承付（□ 邮划、□ 电划）											
付款人	全　称	广州万顺通信有限公司		收款人	全　称	华月股份有限公司									
	账　号	6678000002237865			账　号	5200135690704									
	地址	广州市	开户行 交通银行城东支行		地址	保定市	开户行	工商银行建国路支行							

金额	人民币（大写） 伍万捌仟伍佰元整	亿	千	百	十	万	千	百	十	元	角	分
					¥	5	8	5	0	0	0	0

款项内容	销货款	托收凭据名称	增值税专用发票	附寄单证张数	2
商品发运情况	已发运		合同名称号码		
备注：	款项收妥日期				

收款人开户银行盖章

复核　　记账

　　这三张原始凭证反映 4 月 20 日，向广州万顺通信有限公司销售手机 40 部，单价 1 250 元，共取得货款 50 000 元，增值税 8 500 元，已向银行办妥托收手续。

项目四　记账凭证填制实训

4.1　知识准备　记账凭证的填制要求

　　记账凭证是会计人员根据审核无误后的原始凭证或汇总原始凭证，应用复式记账法和会计科目，按照经济业务的内容加以分类，并据以确定会计分录而填制的，作为登记账簿依据的凭证。在实际工作中，编制会计分录是通过填制记账凭证来完成的。因此，正确填制记账凭证，对于保证账簿记录的正确性有重要意义。

1．记账凭证填制的基本要求

　　（1）审核无误。在对原始凭证审核无误的基础上填制记账凭证。
　　（2）内容完整。记账凭证该包括的内容都应填写齐全。
　　（3）分类正确。根据经济业务的内容，正确区别不同类型的原始凭证，正确应用会计科目。
　　（4）连续编号。记账凭证应当按会计事项处理先后顺序连续编号。

2．填制记账凭证的具体要求

　　（1）记账凭证必须附有原始凭证并注明张数（结账更正错误的除外）。原始凭证的张数一般以自然张数为准。差旅费等零散票券，可贴在一张纸上，作为一张原始凭证。一张原始凭证涉及几张记账凭证的，可将原始凭证附在一张主要记账凭证后面，在其他记账凭证上注明主要记账凭证的编号。
　　（2）一张原始凭证所列支出需要由两个以上单位共同负担时，由保存该原始凭证的单位开出原始凭证分割单，交另一单位做凭证。
　　（3）记账凭证的编号。无论采用哪种编号方法，都应该按月顺序编号，即每月都从1号编起，顺序编至月末。一笔业务编制两张以上记账凭证的可采用分数编号，如1/3、2/3、3/3。
　　（4）记账凭证发生错误，应当重新填制。如已登记入账，可以用红字注销法进行更正。
　　（5）记账凭证填制完毕如有空行，应当划线注销。
　　（6）会计分录应保证借贷平衡。
　　（7）摘要应与原始凭证内容一致，表述要简短精练。

（8）实行会计电算化的单位，其机制记账凭证应当符合对记账凭证的要求。

4.2 记账凭证填制示例

1．专用记账凭证的填制

（1）收款凭证的填制

收款凭证是根据现金、银行存款增加的经济业务填制的。填制收款凭证的要求是：

① 由出纳人员根据审核无误的原始凭证填制，必须是先收款，后填凭证。

② 在凭证左上方的"借方科目"处填写"现金"或"银行存款"。

③ 填写日期（实际收款的日期）和凭证编号。凭证编号要按本月收款业务顺序编号，还要按本月发生经济业务的顺序编号。

④ 在凭证内填写经济业务的摘要。

⑤ 在凭证内"贷方科目"栏填写与"现金"或"银行存款"对应的贷方科目。

⑥ 在"金额"栏填写金额。

⑦ 在凭证的右侧填写所附原始凭证的张数。

⑧ 在凭证的下方由相关责任人签字、盖章。

案例 1：华月股份有限公司 2014 年 4 月 2 日发生的业务如表 4-1 所示，这是本月第 3 笔收款业务，同时也是本月第 9 笔业务。附件 1 张（原始凭证）。制单：陈力。出纳：马红。

表 4-1　中国工商银行借款凭证

中国工商银行借款凭证

日期：2014 年 4 月 2 日　　　　凭证号码：0980175

借款人	华月股份有限公司		账　号				5200135690704						
贷款金额	人民币（大写）玖万元整			千	百	十	万	千	百	十	元	角	分
						¥	9	0	0	0	0	0	0
用途	生产流动周转使用	期限	约定还款日期		2014 年 10 月 2 日								
		6 个月	贷款利率	4%	借款合同号码		26138						
上列贷款已转入借款人指定的账户。					复核			记账					

（工商银行五一支行　14.04.02　业务受理　银行盖章）

　　这是一笔反映 4 月 2 日，从银行取得为期 6 个月、年利率 4%用于生产周转 90 000 元，属于短期借款，应填制收款凭证（见表 4-2）。

表 4-2　收款凭证

收　款　凭　证

借方科目：银行存款　　　　　　　2014 年 4 月 2 日　　　　　　　总字第　　9　　号

　　　　　　　　　　　　　　　　　　　　　　　　　　　　　　收字第　　3　　号

摘　　要	贷　方　科　目		金　　额										记账√
	总账科目	明细科目	亿	千	百	十	万	千	百	十	元	角	分	
收到盛世公司欠款	短期借款						9	0	0	0	0	0	0	
附件　1　张	合　　　　计				¥		9	0	0	0	0	0	0	

会计主管：　　　记账：　　　出纳：马红　　　审核：　　　制证：陈力

　　（2）付款凭证的填制

　　付款凭证是根据现金、银行存款减少的经济业务填制的。填制付款凭证的要求是：

　　① 由出纳人员根据审核无误的原始凭证填制，程序是先付款，后填凭证。

　　② 在凭证左上方的"贷方科目"处填写"现金"或"银行存款"。

　　③ 填写日期（实际付款的日期）和凭证编号。凭证编号要按本月收款业务顺序编号，还要按本月发生经济业务的顺序编号。

　　④ 在凭证内填写经济业务的摘要。

　　⑤ 在"金额"栏填写金额。

　　⑥ 在凭证的右侧填写所附原始凭证的张数。

　　⑦ 在凭证的下方由相关责任人签字、盖章。

　　案例 2：2014 年 4 月 11 日，华月股份有限责任公司发生的业务如表 4-3 至表 4-5 所示。这是本月第 5 笔付款业务，同时也是本月第 15 笔业务。附件 3 张。制单：陈力。出纳：马红。

表 4-3 中国工商银行转账支票存根

中国工商银行
转账支票存根
（京）

XIV 00000006

附加信息 _____

_____

_____

出票日期 2014 年 4 月 11 日

收款人：郑州东方电子配件有限公司	
金 额：¥5 3937.00	
用 途：支付材料采购款	

单位主管 郑微　　会计 张迪

表 4-4 郑州市增值税专用发票

郑州市增值税专用发票

发 票 联

开票日期：2014 年 4 月 11 日

购货单位	名 称：华月股份有限公司						密码区	（略）
	纳税人识别号：1201338856789							
	地址、电话：保定市科技园区 66 号							
	开户行及账号：工商银行建国路支行 5200135690704							

货物或应税劳务名称	规格型号	单位	数量	单价	金额	税率	税额
电路板		个	100	101.00	10 100.00	17%	1 717.00
芯片		个	300	120.00	36 000.00	17%	6 120.00
合　计					46 100.00		7 837.00

价税合计（大写）	伍万叁仟玖佰叁拾柒元整	（小写）¥53 937.00

销货单位	名 称：郑州东方电子配件有限公司	备注
	纳税人识别号：630010471249642	
	地址、电话：郑州市海淀区 010-60226386	
	开户行及账号：中行海淀支行 3002678659621	

收款人：　　复核：　　开票人：李华　　销货单位（章）：

表4-5 收料单

收 料 单

材料类别：原材料及主料

供货单位：郑州东方电子配件有限公司 收料单号码：1

发票号码： 2014 年 4 月 11 日 收料仓库： A 仓库

材料名称	规格	计量单位	数量		实际成本					单位成本
			应收	实收	买价		运杂费	其他	合计	
					单价	金额				
电路板		个	100	100	101.00	10 100.00			10 100.00	101
芯片		个	300	300	120.00	36 000.00			36 000.00	120
合计						46 100.00			46 100.00	

仓库负责人：张涵 收料人：刘琦

这三张原始凭证结合在一起反映 4 月 11 日，向郑州东方电子配件有限公司购进原材料电路板 100 个、单价 101 元，芯片 300 个、单价 120 元，共计货款 46 100 元，增值税 7 837 元；材料已入库，并开出转账支票支付货款。应填制付款凭证，如表4-6 所示。

表4-6 收款凭证

付 款 凭 证

贷方科目：银行存款 2014 年 4 月 11 日 总字第 15 号

付字第 5 号

摘 要	借 方 科 目		金 额									记账√
	总账科目	明细科目	亿	千	百	十	万	千	百	十	元	角	分	
向郑州东方电子配件有限公司购进电路板 100 个	原材料	电路板					1	0	1	0	0	0	0	
向郑州东方电子配件有限公司购进芯片 300 个	原材料	芯片					3	6	0	0	0	0	0	
向郑州东方电子配件有限公司购进原材料	应交税费	应交增值税——进项税额						7	8	3	7	0	0	
附件 3 张	合 计						¥	5	3	9	3	7	0	0	

会计主管： 记账： 出纳：马红 审核： 制证：陈力

（3）转账凭证的填制

转账凭证是根据与现金、银行存款无关的经济业务填制的。填制转账凭证的要求是：

① 由会计人员根据审核无误的原始凭证填制。

② 填写日期（一般情况下按收到原始凭证的日期填写；如果某类原始凭证有几份，涉及不同日期，可以按填制转账凭证的日期填写）和凭证编号。凭证编号要按本月收款业务顺序编号，还要按本月发生经济业务的顺序编号。

③ 在凭证内填写经济业务的摘要。

④ 在凭证内填写经济业务涉及的全部会计科目，顺序是先借后贷。

⑤ 在"金额"栏填写金额。

⑥ 在凭证的右侧填写所附原始凭证的张数。

⑦ 在凭证的下方由相关责任人签字、盖章。

案例3：2014年4月20日，华月股份有限责任公司发生的业务如表4-7至表4-9所示。这是本月第9笔转账业务，同时也是本月第20笔业务。附件3张。制单：陈力。

表 4-7　商品出库单

商 品 出 库 单

销字第 006 号

购货单位：南京方达通信有限公司　　　　　　　　　　2014 年 4 月 20 日

商品名称及规格	单　位	数　量
手机	台	40
合　计		40

主管人：小微　　　会计：陈力　　　记账：陈力　　　制单：陈力

表4-8　河北省增值税专用发票

河北省增值税专用发票

发河票联

开票日期：2014 年 4 月 20 日

购货单位	名　称：南京方达通信有限公司							密码区	（略）		
	纳税人识别号：**67130000935432**										
	地址、电话：南京城东区朝阳路 165 号										
	开户行及账号：交通银行城东支行　6678000002237865										

货物或应税劳务名称	规格型号	单位	数量	单价	金额	税率	税额
手机			40	1 250.00	50 000.00	0.17	8 500.00
合　计					50 000.00		8 500.00

价税合计（大写）	人民币伍万捌仟伍佰元整　　　　（小写）¥58 500.00

销货单位	名　称：华月股份有限公司	备注
	纳税人识别号：1201338856789	
	地　址、电话：保定市科技园区 66 号	
	开户行及账号：工商银行建国路支行　5200135690704	

收款人：　　　复核：　　　开票人：李华　　　销货单位（章）：

表4-9　托收凭证

托收凭证（受理回单）1

委托日期 2014 年 4 月 20 日　　　付款期限 2014 年 4 月 30 日

业 务 类 型	委托收款（☑ 邮划、□电划）			托收承付（□ 邮划、□ 电划）												
付款人	全 称	南京方达通信有限公司		收款人	全　称	华月股份有限公司									
	账 号	6678000002237865			账　号	5200135690704									
	地 址	南京市	开户行	交通银行城东支行		地 址	保定市		开户行	工商银行建国路支行					

金额	人民币（大写）	伍万捌仟伍佰元整	亿	千	百	十	万	千	百	十	元	角	分
						¥	5	8	5	0	0	0	0

款项内容	销货款	托收凭据名　称	增值税专用发票	附寄单证张数	2

商品发运情况	已发运	合同名称号码	

备注：　　　款项收妥日期

工商银行五一支行 04.20 业务受理

收款人开户银行签章

复核　记账

这三张原始凭证反映 4 月 20 日，向南京方达通信有限公司销售手机 40 部，单价 1 250 元，共取得货款 50 000 元，增值税 8 500 元，已向银行办妥托收手续。形成应收账款，应填制转账凭证（见表 4-10）。

表 4-10 转账凭证

转 账 凭 证

总字第　20　号
转字第　9　号

2014 年 4 月 20 日

摘要	总账科目	明细科目	借方金额										记账 √	贷方金额										记账 √	
			千	百	十	万	千	百	十	元	角	分		千	百	十	万	千	百	十	元	角	分		
销售手机	应收账款	南京方达			5	8	5	0	0	0	0	0													附单据3张
	主营业务收入	手机														5	0	0	0	0	0	0	0		
	应交税费	应交增值税——进项税额															8	5	0	0	0	0	0		
合　计				¥	5	8	5	0	0	0	0	0			¥	5	8	5	0	0	0	0	0		

会计主管：　　　记账：　　　出纳：　　　审核：　　　制证：陈力

2．通用记账凭证的填制

通用记账凭证的名称为"记账凭证"。它集收款、付款和转账凭证于一身，通用于收款、付款和转账等各种类型的经济业务。其填制方法与转账凭证相同。

4.3 本章实训

实训名称：练习记账凭证的填制。

实训目的：通过实验使学生在理解原始凭证的基础上掌握记账凭证的填制方法。

实训资料：华月股份有限公司 2014 年 5 月 1～31 日发生的部分经济业务及有关的原始凭证如下。

【实训资料 1】（见表 4-11）

表 4-11 中国工商银行现金支票存根

中国工商银行
现金支票存根

支票号码 2009623

科　　目 银行存款

对方科目 现金

出票日期 2014 年 5 月 1 日

收款人	华月股份有限公司
金　额	¥2 000.00
用　途	库存现金
备　注	

单位主管：　　　　会计：陈力

【实训资料 2】（见表 4-12 至表 4-15）

表 4-12 河北省增值税专用发票（第二联）

河北省增值税专用发票

开票日期：2014 年 5 月 3 日

No 003625

购货单位	名　称	华月股份有限公司	纳税人登记号	56247896001	
	地址、电话	新华南 36 号	开户银行及账号	工商银行新华办事处	265489111

商品或劳务名称	计量单位	数量	单价	金额 千	百	十	万	千	百	十	元	角	分	税率	税额 千	百	十	万	千	百	十	元	角	分
圆钢	吨	200	1000			2	0	0	0	0	0	0	0	17%				3	4	0	0	0	0	0
合　计					¥	2	0	0	0	0	0	0	0				¥	3	4	0	0	0	0	0

价税合计（大写）	×仟×佰贰拾叁万肆仟零佰零拾零元零角零分			¥234000.00	
销货单位	名　称	塞北钢铁厂	纳税登记号	25669856002	
	地址、电话	长堤路 23 号	开户银行及账号	工商银行长堤路办事处	236987444

收款人：许海　　　　开票单位：　　　　结算方式：转账

第二联 发票联 购货方记账凭证

表 4-13　河北省增值税专用发票（第三联）

河北省增值税专用发票

开票日期：2014 年 5 月 8 日　　　　No　003625

购货单位	名　称	华月股份有限公司													56247896001									
	地址、电话	新华南 36 号			开户银行及账号						工商银行新华办事处　265489111														

商品或劳务名称	计量单位	数量	单价	金　　额										税率	税　　额									
				千	百	十	万	千	百	十	元	角	分		千	百	十	万	千	百	十	元	角	分
圆钢	吨	200	1000		2	0	0	0	0	0	0	0	0	17%		3	4	0	0	0	0	0	0
合　　计				¥	2	0	0	0	0	0	0	0	0		¥	3	4	0	0	0	0	0	0

价税合计（大写）	×仟×佰贰拾叁万肆仟零佰零拾零元零角零分	¥234000.00

销货单位	名　称	塞北钢铁厂	纳税登记号	25669856002
	地址、电话	长堤路 23 号	开户银行及账号	工商银行长堤路办事处　236987444

收款人：许海　　　开票单位：　　　　　　　　结算方式：转账

表 4-14　中国工商银行转账支票存根

中国工商银行
转账支票存根

支票号码　2009623

科　　目　_____

对方科目　_____

出票日期　2014 年 5 月 8 日

收款人	塞北钢铁厂
金　额	¥234 000.00
用　途	购货

单位主管：　　　　会计：张义

表 4-15　材料收料单

材料收料单

华月公司　　　　　　　　　　　　　　　　2014 年 5 月 8 日　　　　　　　　　　　　　　　单位：元

材料名称	规　格	单　位	数　量	单　价	金　额	发货单位	
圆钢		吨	200	1 000	200 000.00	塞北钢铁厂	
						合同号	450

财务主管：　张洁　　　　　供应科长：　陈建　　　　　验收：　王宁　　　　　采购员：　李立

❀ 【实训资料 3】（见表 4-16）

表 4-16　保定市商业零售企业统一发票

保定市商业零售企业统一发票

购货单位：华月股份有限公司　　　　　2014 年 5 月 10 日　　　　　No　236548

品　名	规格	单位	数量	单价	金　额							
					十万	千	百	十	元	角	分	第二联 发票联
油墨		箱	2	300			6	0	0	0	0	
合计金额（大写）人民币陆佰元整					￥	6	0	0	0	0		

单位盖章：　　　　　　　收款人：　刘艳　　　　　　　　　制票人：　王欣

❖ 【实训资料 4】（见表 4-17 至表 4-19）

表 4-17　河北省增值税专用发票（第二联）

河北省增值税专用发票

开票日期：2014 年 5 月 15 日

No　003625

购货单位	名　　称	华月股份有限公司	纳税人登记号									56247896001											第二联 发票联 购货方记账凭证
	地址、电话	新华南 36 号	开户银行及账号									工商银行新华办事处　265489111											

商品或劳务名称	计量单位	数量	单价	金　　额									税率	税　　额									
				千	百	十	万	千	百	十	元	角	分		千	百	十	万	千	百	十	元	角	分
设备	台	1	400 000			4	0	0	0	0	0	0	0	17%					6	8	0	0	0	0
合　　　计				¥		4	0	0	0	0	0	0	0		¥				6	8	0	0	0	0
价税合计（大写）	×仟×佰肆拾陆万捌仟零佰零拾零元零角零分																						

销货单位	名　　称	光华机床厂	纳税登记号	6548735001	
	地址、电话	光华路 23 号	开户银行及账号	建设银行光华分处 269744156	

收款人：张洋　　　　　　　开票单位：

表 4-18　河北省增值税专用发票（第三联）

河北省增值税专用发票

开票日期：2014 年 5 月 15 日

No　003625

购货单位	名　　称	华月股份有限公司	纳税人登记号									56247896001											第三联 购货方做抵扣税款凭证
	地址、电话	新华南 36 号	开户银行及账号									工商银行新华办事处　265489111											

商品或劳务名称	计量单位	数量	单价	金　　额									税率	税　　额									
				千	百	十	万	千	百	十	元	角	分		千	百	十	万	千	百	十	元	角	分
设备	台	1	400 000			4	0	0	0	0	0	0	0	17%					6	8	0	0	0	0
合　　　计				¥		4	0	0	0	0	0	0	0		¥				6	8	0	0	0	0
价税合计（大写）	×仟×佰肆拾陆万捌仟零佰零拾零元零角零分																						

销货单位	名　　称	光华机床厂	纳税登记号	6548735001	
	地址、电话	光华路 23 号	开户银行及账号	建设银行光华分处 269744156	

收款人：张洋　　　　　　　开票单位：

表 4-19　中国工商银行转账支票存根

中国工商银行
转账支票存根

支票号码　2009623

科　目　银行存款

对方科目　固定资产

出票日期　2014 年 5 月 15 日

收款人	光华机床厂
金　额	¥468 000.00
用　途	购机床
备　注	

单位主管　　　　　　　会计：张义

【实训资料 5】（见表 4-20 至表 4-22）

表 4-20　河北省增值税专用发票（第二联）

河北省增值税专用发票

开票日期：2014 年 5 月 16 日

No　003625

购货单位	名　称	华月股份有限公司		纳税人登记号							56247896001													
	地址、电话	新华南 36 号		开户银行及账号							工商银行新华办事处　265489111													

商品或劳务名称	计量单位	数量	单价	金　额											税率	税　额									
				千	百	十	万	千	百	十	元	角	分		千	百	十	万	千	百	十	元	角	分
甲材料	吨	20	5 000		1	0	0	0	0	0	0	0	0	17%			1	7	0	0	0	0	0	0
合　　计				¥	1	0	0	0	0	0	0	0	0		¥	1	7	0	0	0	0	0	0	0

价税合计（大写）	×仟×佰壹拾壹万柒仟零佰零拾零元零角零分	¥117 000.00

销货单位	名　称	大发钢铁厂	纳税登记号	6789 568200
	地址、电话	望江路 32 号	开户银行及账号	236986543

收款人　方明　　　　　　　开票单位：　　　　　　　结算方式：暂欠

表 4-21　河北省增值税专用发票（第三联）

河北省增值税专用发票

开票日期：2014 年 5 月 16 日　河北

No　003625

购货单位	名　　称	华月股份有限公司	纳税人登记号											56247896001										
	地址、电话	新华南 36 号	开户银行及账号											工商银行新华办事处　265489111										
商品或劳务名称	计量单位	数量	单价	金　　额										税率	税　　额									
				千	百	十	万	千	百	十	元	角	分		千	百	十	万	千	百	十	元	角	分
甲材料	吨	10	5 000			5	0	0	0	0	0	0	0	17%				8	5	0	0	0	0	
合　　计						¥	5	0	0	0	0	0	0				¥	8	5	0	0	0	0	
价税合计（大写）		×仟×佰伍万捌仟伍佰零拾零元零角零分													¥58 500.00									
销货单位	名　　称	大发钢铁厂	纳税登记号											67894563200										
	地址、电话	望江路 32 号	开户银行及账号											工商银行望江路办事处　236986543										

收款人：方明　　　　　　　开票单位：　　　　　　　结算方式：暂欠

第三联　购货方做低扣税款凭证

表 4-22　收料单

收 料 单

华月股份有限公司　　　　　　　2014 年 5 月 16 日　　　　　　　单位：元

材料名称	规　格	单　位	数　量	单　价	金　额	发货单位	
甲材料		吨	10	5 000	50 000.00	大发钢铁厂	
						合同号	552

财务主管：张洁　　　供应科长：陈建　　　验收：王宁　　　采购员：李立

❖【实训资料6】（见表4-23和表4-24）

表4-23　河北省增值税专用发票（第三联）

河北省增值税专用发票

河北

开票日期：2014 年 5 月 16 日　　　　　　　　　　　　　　No　003625

购货单位	名　称	华月股份有限公司	纳税人登记号									56247896001								
	地址、电话	新华南36号	开户银行及账号									工商银行新华办事处　265489111								

商品或劳务名称	计量单位	数量	单价	金　额									税率	税　额								
				千	百	十	万	千	百	十	元	角	分	6%	千	百	十	万	千	百	十	元	角	分
广告费							4	0	0	0	0	0							2	4	0	0	0
合　计					¥4	0	0	0	0	0								¥2	4	0	0	0

价税计合（大写）　×仟×佰×万肆仟贰佰肆拾零元零角零分　　　　　　　　¥4 240.00

销货单位	名　称	保定创新广告公司	纳税登记号	678947777
	地址、电话	朝阳路32号	开户银行及账号	工商678947777阳路办事处　2369567891

收款人：方明　　　　　　开票单位：　　　　　　　　　　结算方式：转账支票

第三联　购货方做低扣税款凭证

表4-24　中国工商银行转账支票存根

中国工商银行
转账支票存根

支票号码　2014623

科　　目　银行存款

对方科目　销售费用

出票日期　2014 年 5 月 18 日

收款人	保定创新广告公司
金　额	¥4 240.00
用　途	产品广告费
备　注	

单位主管：　　　　　　会计：张义

注：2013 年 8 月 1 日后，营改增业务在全国推广，广告服务业为缴纳增值税劳务，税率为 6%。

🧩 【实训资料 7】(见表 4-25 和表 4-26)

表 4-25 河北省增值税专用发票(第四联)

河北省增值税专用发票

开票日期:2014 年 5 月 20 日

No 003625

购货单位	名 称	光明工厂		纳税人登记号								26968354441											
	地址、电话	光明路 10 号		开户银行及账号								工商银行大河支行 698541233										

商品或劳务名称	计量单位	数量	单价	金 额									税率 17%	税 额								
				千	百	十	万	千	百	十	元	角	分		千	百	十	万	千	百	十	元	角	分
甲产品	台	200	2 000			4	0	0	0	0	0	0	0				6	8	0	0	0	0

合 计					¥	4	0	0	0	0	0	0	0		¥	6	8	0	0	0	0

价税合计(大写) ×仟×佰肆拾陆万捌仟零佰零拾零元零角零分   ¥468 000.00

销货单位	名 称	华月公司	纳税登记号	5624789600□
	地址、电话	新华街 36 号	开户银行及账号	建设银行大河□□265489111

收款人:李华   开票单位: 结算方式:转账

(第四联 销货方记账)

表 4-26 中国工商银行进账单

中国工商银行进账单(收账通知)

2014 年 5 月 20 日   第 12 号

收款人	全 称	华月公司	付款人	全 称	光明工厂
	账 号	265489111		账 号	698541233
	开户银行	工商银行新华办事处		开户银行	工商银行大河支行

人民币(大写)肆拾陆万捌仟元整	千	百	十	万	千	百	十	元	角	分
		¥	4	6	8	0	0	0	0	0

票据种类	转账支票	收款人开户银行盖章
票据张数	1 张	
单位主管 会计 复核 记账		

此联是银行交给收款人的回单

【实训资料 8】（见表 4-27）

表 4-27　借款单

借　款　单

2014 年 5 月 21 日

借款人	王凤	部门	销售	职务	推销员
借款事由	开商品展览会				
借款金额	人民币（大写）叁仟元整			￥3 000.00	
出纳	马红		经手	王凤	

现金付讫

备注：

【实训资料 9】（见表 4-28 和表 4-29）

表 4-28　保定市工业企业销售统一发票

保定市工业企业销售统一发票

购货单位：华月股份有限公司　　　　　2014 年 5 月 26 日　　　　　No　5698723

产品或劳务名称	规格	单位	数量	单价	金　　额							
					十	万	千	百	十	元	角	分
修理费		工时	30	30.00				9	0	0	0	0
合计金额（大写）人民币玖佰元整							￥	9	0	0	0	0

单位盖章：　　　　　　　　　收款人：李梅　　　　　　　制票人：王齐

第二联　报销凭证

表 4-29　中国工商银行转账支票存根

中国工商银行
转账支票存根

支票号码　3026587

科　　　目　银行存款

对方科目　管理费用

出票日期　2014 年 5 月 26 日

收款人	保定宏大修理公司
金　额	¥900.00
用　途	机床修理费
备　注	

单位主管：　　　　　　会计：张义

注意：新准则规定，对于中小修理费用，不管哪个部门发生的，都计入"管理费用"科目。

【实训资料 10】（见表 4-30 至表 4-33）

表 4-30　河北省增值税专用发票

河北省增值税专用发票

开票日期：2014 年 5 月 26 日

No　003625

购货单位	名　称	石家庄金富公司			纳税人登记号								32566555521								
	地址、电话	裕华街 10 号			开户银行及账号								工商银行裕华支行　236554321								

商品或劳务名称	计量单位	数量	单价	金　额									税率	税　额							
				千	百	十	万	千	百	十	元	角	分		千	百	十	万	千	百	十	元	角	分
乙产品	台	120	2 500		3	0	0	0	0	0	0	0	0	17%		5	1	0	0	0	0	0
合　计				¥	3	0	0	0	0	0	0	0	0		¥	5	1	0	0	0	0	0

价税合计（大写）　×仟×佰叁拾伍万壹仟零佰零拾零元零角零分　　　　　　¥351 000.00

销货单位	名　称	华月股份有限公司	纳税登记号	56247896001
	地址、电话	新华南 36 号	开户银行及账号	工商银行新华办事处489111

收款人：李华　　　　　开票单位：　　　　　结算方式：托收

第四联　销货方记账

表 4-31 铁路局运杂费专用发票

铁路局运杂费专用发票

运输号码 69874　　　　　　　　北京铁路局　　　　　　　　No　　125698

发站	保定		到站	石家庄				货物自重	
集装箱型			运到期限			保价金额		运价里程	
收货人	全称	石家庄金福公司		发货人	全称	华月公司		现付费用	
	地址	金福街 10 号			地址	新华南 36 号		项目	金额
货物名称	件数	货物重量	计费重量	运价号	运价率	附记		运费	2 000.00
乙产品	120 件	2 000 公斤						保险费	300.00
发货人声明事项									
铁路声明事项								合计	2 300.00

第二联　报销凭证

表 4-32 中国工商银行转账支票存根

中国工商银行
转账支票存根

支票号码　　2009623

科　　目　　银行存款

对方科目　　应收账款

出票日期　　2014 年 5 月 26 日

收款人	保定火车站
金　额	¥2 300.00
用　途	代垫运杂费
备　注	

单位主管：　　　　　会计：张义

表 4-33 托收承付凭证（回单）

托收承付凭证（回单）

委托日期：2014 年 5 月 26 日   No 264321

收款人	全　称	华月股份有限公司	付款人	全　称	石家庄金福公司	
	账　号	265489111		账　号	236554321	
	开户银行	工商银行新华办事处		开户银行	工商银行裕华支行	

委托收款金额	人民币（大写）叁拾伍万叁仟叁佰元整	百 十 万 千 百 十 元 角 分 ¥ 3 5 3 3 0 0 0 0
附寄单据	4　商品发运情况	合同号码　32564
备注	款项收托日期	开户银行盖章
	年　月　日	2014 年 5 月 26 日

此联是银行给收款人的回单

工商银行新华支行
05.26.
业务受理

❀ 【实训资料 11】（见表 4-34 和表 4-35）

表 4-34 中国工商银行转账支票存根

中国工商银行
转账支票存根

支票号码　2013623
科　　目　银行存款
对方科目　预付账款
出票日期　2014 年 5 月 27 日

收款人	中保保定市分公司
金　额	¥3 000.00
用　途	预付保险费
备　注	

单位主管：　　　　　会计：张义

表4-35　收款收据

中国人民保险公司
收款收据

收款日期：2014 年 5 月 27 日　　　　　　　　　　　　　　　No 2349

今收到：华月股份有限责任公司
交　来：轿车下半年的保险费（2014 年 7 月到 12 月）
人民币（大写）叁仟元整　　　　　　　　　　¥3 000.00
备注：

保定分公司（盖章）　　　　　　收款人：陈冬　　　　　　　经办人：高慧

【实训资料 12】（见表 4-36）

表4-36　借款借据

借款借据（入账通知）

单位编号：3658　　　　　　　日期：2014 年 5 月 28 日　　　　　No 654789

收款单位	名　称	华月股份有限责任公司	付款单位	名　称	工商银行新华办事处									此联由银行退借款单位做入账通知
	往来账号	265489111		往来账号	698425661									
	开户银行	工商银行新华办事处		开户银行	工商银行新华办事处									
借款金额		人民币（大写）伍拾万元整				百	十	万	千	百	十	元	角	分
						¥	5	0	0	0	0	0	0	0
借款原因及用途		购材料		利率		10%								
借　款　期　限				你单位上列借款，随转入单位结算户内。借款到期后我行按期自你单位结算账户转还。 此到... （银行盖章） 2013 年 5 月 28 日									
期限	计划还款日期		计划还款金额											
半年	2014 年 11 月 28 日													

♣ 【实训资料 13】（见表 4-37）

表 4-37　中国工商银行进账单

中国工商银行进账单（收账通知）

2014 年 5 月 29 日　　　　　　　　第 14 号

收款人	全　称	华月公司	付款人	全　称	宏大公司										
	账　号	265489111		账　号	698745121										
	开户银行	工商银行新华办事处		开户银行	工商银行大河支行										
人民币（大写）伍万陆仟元整						千	百	十	万	千	百	十	元	角	分
							5	6	0	0	0	0	0	0	0
票据种类	转账支票			收款人开户盖章											
票据张数	1 张														
单位主管　　会计　　复核　　记账															

（此联是银行交给收款人的回单）

♣ 【实训资料 14】（见表 4-38）

表 4-38　托收承付凭证

托收承付凭证（收账通知）

委托日期：2014 年 5 月 29 日　　　　　　　　No 264321

收款人	全　称	华月公司	付款人	全　称	石家庄金福公司								
	账　号	265489111		账　号	236589441								
	开户银行	工商银行新华办事处		开户银行	工商银行金福支行								
委托收款金额	人民币（大写）叁拾伍万叁仟叁佰元整					百	十	万	千	百	十	元	角	分
						¥	3	5	3	3	0	0	0	0
附寄单据	4	商品发送情况			合同号码				32564				
备注	款项收托日期　2014 年 5 月 29 日			开户银行盖章　2014 年 5 月 26 日									

（此联是银行给收款人的入账通知）

❀ 【实训资料 15】（见表 4-39）

表 4-39　中国工商银行电汇凭证（回单）

中国工商银行电汇凭证（回单）

2014 年 5 月 30 日

付款人	全称	华月股份有限责任公司			收款人	全称	大发钢铁厂		
	账号	265489111				账号	67894563200		
	汇出地点	海南海口市	汇出行名称	工商银行新华办事处		汇入地点	海南琼海市	汇入行名称	建设银行望江

汇入金额	人民币（大写）柒万元整		千	百	十	万	千	百	十	元	角	分
		¥			7	0	0	0	0	0	0	0

汇款用途　前欠货款	汇出银行盖章 2014 年 5 月 29 日

此联是银行交给收款人的回单

（印章：工商银行新华支行 05.30. 业务受理）

❀ 【实训资料 16】（见表 4-40）

表 4-40　收据

收　据

2014 年 5 月 30 日

今收到　　林红

交　来　　出院借款

人民币（大写）壹仟元整　　　　　　　　¥ 1 000.00

现金收讫

收款单位（公章）　　　（印章：华月股份有限公司 财务专用章）　　　收款人　（印章：肖梅 印）

❀ 【实训资料 17】（见表 4-41）

表 4-41　保定市工业企业统一发票

保定市工业企业统一发票　　No　236548

购货单位：兴业收购站　　　　2014 年 5 月 30 日

品　名	规　格	单位	数量	站单价	金　额								
					十	万	千	百	十	元	角	分	第二联 记账联
线材	MM	公斤	100	8				8	0	0	0	0	
					现金收讫								
合计金额（大写）人民币捌佰元整								￥	8	0	0	0	0

单位盖章：（保定市兴业收购站 66357896001 发票专用章）　　收款人：崔玲　　　　制票人：杜文

❀ 【实训资料 18】（见表 4-42）

表 4-42　工资费用汇总分配表

工资费用汇总分配表

2014 年 5 月 30 日　　　　　　　　　　单位：元

车间、部门		应分配金额
车间生产人员工资	甲产品工人	40 000.00
	乙产品工人	20 000.00
	车间生产人员工资合计	60 000.00
车间管理人员		10 000.00
厂部管理人员		5 000.00
专设销售机构人员		3 000.00
在建工程人员		5 000.00
合计		83 000.00

主管：　　　　　审核：陈红　　　　　　　制单：李轻

♣ 【实训资料 19】（见表 4-43）

表 4-43　发料凭证汇总表

发料凭证汇总表

2014 年 5 月 31 日　　　　　　　　　　　　　　单位：元

应贷科目		原 材 料						合 计
		40#圆钢			8mm 线材			
应借科目		数量	单价	金额	数量	单价	金额	
生产成本	甲产品	90	1 300	117 000	5.6	5 000	28 000	145 000
	乙产品	65	1 300	84 500	5.1	5 000	25 500	110 000
制造费用					0.6	5 000	3 000	3 000
管理费用					0.1	5 000	500	500
其他业务成本					0.1	5 000	500	500
合计		155		201 500	11.5		57 500	259 000

♣ 【实训资料 20】（见表 4-44）

表 4-44　预提费用计算表

2014 年 5 月 31 日　　　　　　　　　　　　　　单位：元

项 目	银行借款利息	合 计
短期借款	500.00	500.00
合计		500.00

主管：　　　　　　　　　审核：　　　　　　　　　制单：刘义

♣ 【实训资料 21】（见表 4-45）

表 4-45　待摊费用分配表

2014 年 5 月 31 日　　　　　　　　　　　　　　单位：元

项 目　　车间、部门	财产保险费	报刊杂志费	合 计
生产车间	600.00	100.00	700.00
厂部管理部门	200.00	300.00	500.00
合计	800.00	400.00	1 200.00

主管：　　　　　　　　　审核：　　　　　　　　　制单：刘义

♣ 【实训资料22】（见表4-46）

表4-46 固定资产折旧计算表

2014 年 5 月 31 日 单位：元

应借科目	使用部门	月初固定资产原值	月折旧率	月折旧额
制造费用	车间	155 850.00	5%	7 792.50
管理费用	厂部	103 900.00	3%	3 117.00
销售费用	销售部门	100 000.00	4%	4 000.00
	合计			14 909.50

主管： 审核： 制单：刘义

♣ 【实训资料23】（见表4-47）

表4-47 财产清查报告单

2014 年 5 月 31 日

财产名称	单位	单价	账面数量	实存数量	盘盈		盘亏		盘亏原因
					数量	金额	数量	金额	
C 材料	公斤	400	100	98			2	800	待查
合 计			100	98			2	800	
处理意见	审批部门				清查小组			使用保管部门	

主管： 保管使用： 制单：陈小海 审批：

♣ 【实训资料24】（见表4-48）

表4-48 制造费用分配表

2014 年 5 月 31 日

分配对象	分配标准 （生产工人工资）	分配率	分配金额
甲产品	40 000		72 000.00
乙产品	20 000		36 000.00
	60 000	1.8	108 000.00

主管： 审核： 制表：刘义

【实训资料 25】（见表 4-49）

表 4-49 完工产品成本计算单

2014 年 5 月 31 日 　　　　　　　　　　　　　　　　单位：元

成本项目	甲产品（200 台）		乙产品（100 台）	
	总 成 本	单 位 成 本	总 成 本	单 位 成 本
直接材料	140 000.00	700.00	100 000.00	1 000.00
直接人工	36 000.00	180.00	20 000.00	200.00
制造费用	64 000.00	320.00	30 000.00	300.00
合　计	240 000.00	1 200.00	150 000.00	1 500.00

主管：　　　　　　　　　审核：王萧　　　　　　　　制表人：刘义

【实训资料 26】（见表 4-50）

表 4-50 华月公司产品出库单

收货单位　　　　　　　　　　2014 年 5 月 31 日　　　　　　　　　　单位：元

产品名称	计量单位	数 量	单 价	金 额
甲产品	台	200	1 200	240 000.00
乙产品	台	120	1 600	192 000.00
合计				432 000.00

主管：　　　　　　　　　审核：王萧　　　　　　　　制单人：刘义

（三）实训要求

1. 根据原始凭证理解相关业务。
2. 根据原始凭证填制记账凭证（假设该企业采用收、付、转三种凭证）。
3. 将填制的记账凭证及所附的原始凭证装订成册。

（四）实训时间

1. 在填制凭证前，指导老师应向学生强调记账凭证的填制要求。
2. 实验需要收款凭证，付款凭证，转账凭证。
3. 实验时间大约需 4 个学时。

项目五　账簿填制实训

5.1　知识准备一　账簿的启用

启用会计账簿时，应当在账簿的有关位置记录以下相关信息：

1. 账簿的封面。除订本账不另设封面以外，各种活页账都应设置封面和封底，并登记单位名称、账簿名称和所属会计年度。

2. 登记账簿启用及经管人员一览表（见表 5-1）。在启用新会计账簿时，应首先填写在扉页上印制的"账簿启用及交接表"中的启用说明，其中包括单位名称、账簿名称、账簿编号、起止日期、单位负责人、主管会计、审计人员和记账人员等项目，并加盖单位公章。在会计人员发生变更时，应办理交接手续并填写"账簿启用及交接表"中的交接说明。

表 5-1　账簿启用及账户目录填写示例

单位名称	保定市华月胶带有限公司						公章	
账簿名称	总分类账　　　　　　（第　1　册）							
账簿编号	201401							
账簿页数	100							
启用时间	二〇一四年一月一日							
经管人员	单位主管		财务主管		复核		记账	
	姓名	盖章	姓名	盖章	姓名	盖章	姓名	盖章
	苏锦达	苏锦达	赵文雅	赵文雅	马俊	马俊	董平	董平
交接记录	经管人员		接管人员			交出		
	职别	姓名	年	月	日	盖章	年	月	日	盖章
粘贴印花税处								

注意：账簿启用表（扉页）内容填写的准确完整，是账簿具有合法性的重要标志。其填写的要求是：

（1）填写使用账簿的单位全称和会计账簿名称。

（2）账簿的编号按年度账簿的统一编号填列；年度更换的账簿，启用日期为该年度 1 月 1 日；账簿的页数根据账簿的实际页数填写。

（3）填写会计主管人员和记账人员姓名并加盖名章以示慎重和负责。

（4）在印鉴栏内加盖单位公章，加盖的公章名称必须与账簿封面上写明的单位名称一致。

（5）应缴纳印花税的账簿应将印花税票粘贴在启用表的右上角，并划线予以注销。

3. 填写账户目录（见表 5-2）。总账应按照会计科目的编号顺序填写科目名称及启用页码。在启用活页式明细分类账时，应按照所属会计科目填写科目名称和页码，在年度结账后，撤去空白账页，填写使用页码。

表 5-2　填写账户目录（总账）

编号	科目名称	起讫页码	编号	科目名称	起讫页码
1001	库存现金	1-2	2232	应付利息	41-42
1002	银行存款	3-4	2241	其他应付款	43-44
1121	应收票据	5-6	2601	长期借款	45-46
1122	应收账款	7-8	4001	实收资本	47-48
1123	预付账款	9-10	4002	资本公积	49-50
1231	其他应收款	11-12	4101	盈余公积	51-52
1401	材料采购	13-14	4103	本年利润	53-54
1403	原材料	15-16	4104	利润分配	55-56
1406	库存商品	17-18	5001	生产成本	57-58
1601	固定资产	19-20	5101	制造费用	59-60
1602	累计折旧	21-22	6001	主营业务收入	61-62
1801	长期待摊费用	23-24	6002	其他业务收入	63-64
1901	待处理财产损益	25-26	6401	主营业务成本表	65-66
2001	短期借款	27-28	6405	营业税及其附加	67-68
2201	应付票据	29-30	5405	其他业务成本	69-70
2202	应付账款	31-32	6601	销售费用	71-72
2205	预收账款	33-34	6602	管理费用	73-74
2211	应付职工薪酬	35-36	6603	财务费用	75-76
2221	应交税费	37-38	6711	营业外支出	77-78
2231	应股股利	39-40	6801	所得税费用	79-80

注意：

（1）会计科目按会计制度的统一编号填列，会计科目应是一级会计科目的全称。

（2）准确填列会计科目。起讫页次决定于每一科目预留的页数，预留页数决定于该科目的相关业务的多少，不是固定不变的。

4. 粘贴印花税票。印花税票应粘贴在账簿的右上角，并且划线注销。在使用缴款书缴纳印花税时，应在右上角注明"印花税已缴"及缴款金额。

粘贴时，营业账簿分为记载资金账簿（主要指总账），按照"实收资本"和"资本公积"的金额，依照万分之五的税率贴花。凡是记载资金的账簿，启用新账时，按照"实收资本"和"资本公积"增加额贴花，资金未增加的，不再按件定额贴花。其他账簿按件5元贴花。在营业账簿上贴印花税票，须在账簿首页右上角粘贴，不准粘贴在账夹上。

5.2 知识准备二 登记账簿的基本要求

依据《会计基础工作规范》第六十条规定（以下简称《规范》），登记会计账簿的基本要求是：

1. 准确完整。"登记会计账簿时，应当将会计凭证日期、编号、业务内容摘要、金额和其他有关资料逐项记入账内，做到数字准确、摘要清楚、登记及时、字迹工整。"**每一项会计事项，一方面要记入有关的总账，另一方面要记入该总账所属的明细账。账簿记录中的日期，应该填写记账凭证上的日期；以自制的原始凭证，如收料单、领料单等，作为记账依据的，账簿记录中的日期应按有关自制凭证上的日期填列。**登记账簿要及时，但对各种账簿的登记间隔应该多长，《规范》未做统一规定。一般来说，这要视本单位所采用的具体会计核算形式而定。

2. 注明记账符号。"登记完毕后，要在记账凭证上签名或者盖章，并注明已经登账的符号，表示已经记账。"在记账凭证上设有专门的栏目供注明记账的符号，以免发生重记或漏记。

3. 文字和数字必须整洁清晰、准确无误。在登记书写时，不要滥造简化字，不得使用同音异义字，不得写怪字体；摘要文字紧靠左线；数字要写在金额栏内，不得越格错位、参差不齐；文字、数字字体大小适中，紧靠下线书写，上面要留有适当空距，一般应占格宽的1/2，以备按规定的方法改错。记录金额时，如为没有角分的整数，应分别在角分栏内写上"0"，不得省略不写，或以"—"号代替。阿拉伯数字一般可自左向右适当倾斜，以使账簿记录整齐、清晰。为防止字迹模糊，墨迹未干时不要翻动账页；夏天记账时，可在手臂下垫一块软质布或纸板等书写，以防汗浸。

4. 正常记账使用蓝黑墨水。"登记账簿要用蓝黑墨水或者碳素墨水书写，不得使用圆珠笔（银行的复写账簿除外）或者铅笔书写。"在会计的记账书写中，数字的颜色是重要的语素之一，它同数字和文字一起传达出会计信息。如同数字和文字错误会表达错误的信息，书写墨水的颜色用错了，其导致的概念混乱也不亚于数字和文字错误。

5. 特殊记账使用红墨水。"下列情况，可以用红色墨水记账：

（1）按照红字冲账的记账凭证，冲销错误记录；

（2）在不设借贷等栏的多栏式账页中，登记减少数；

（3）在三栏式账户的余额栏前，如未印明余额方向的，在余额栏内登记负数余额；

（4）根据国家统一会计制度的规定可以用红字登记的其他会计记录。"

在这几种情况下使用红色墨水记账是会计工作中的惯例。财政部会计司编辑的《会计制度补充规定及问题解答（第一辑）》，在解答"应交税额——应交增值税"明细账户的设置方法时，对使用红色墨水登记的情况做了一系列较为详尽的说明：在"进项税额"专栏中用红字登记退回所购货物应冲销的进项税额；在"已交税额"专栏中用红字登记退回多交的增值税额；在"销项税额"专栏中用红字登记退回销售货物应冲销的销项税额，以及在"出口退税"专栏中用红字登记出口货物办理退税后发生退货或者退关而补交已退的税款。

6. 顺序连续登记。"各种账簿按页次顺序连续登记，不得跳行、隔页。如果发生跳行、隔页，更不得随便更换账页和撤出账页，作废的账页也要留在账簿中，如果发生跳行、隔页，应当将空行、空页划线注销，或者注明'此行空白'、'此页空白'字样，并由记账人员签名或者盖章。"这对堵塞在账簿登记中可能出现的漏洞，是十分必要的防范措施。（见表 5-3 和表 5-4）

表 5-3　账页有空行时的处理图示

应收账款——东方公司

2014 年		凭　证		摘　要	借　方	贷　方	借或贷	余　额
月	日	种　类	号　数					
12	1			期初余额			借	120 500
				此行注销	张青			
	6	收	3	收回		70 000	借	50 500

表 5-4　空白账页的处理

应收账款——北方公司

2014 年		凭　证		摘　要	借　方	贷　方	借或贷	余　额
月	日	种　类	号　数					
						张青		
				此页注销				

7. 结出余额。"凡需要结出余额的账户，结出余额后，应当在'借或贷'等栏内写明'借'或者'贷'等字样。没有余额的账户，应当在'借或贷'等栏内写'平'字，并在余额栏内用'0'表示。现金日记账和银行存款日记账必须逐日结出余额。"一般说来，对于没有余额的账户，在余额栏内标注的'0'应当放在"元"位。(见表5-5)

表5-5　账户余额为"0"时的处理

明　细　账

科目：在途物资——生铁　　　　编号(　　)　　　2014年度　　　　　　页码：

记账凭单			摘　要	借　方	贷　方	借或贷	余　额
月	日	顺序号					
9	10	付2	向上海澳宁公司采购生铁20 000千克	47 000.00		借	47 000.00
	12	转1	向上海澳宁公司采购生铁20 000千克入库		47 000.00	平	Q
			本月合计	47 000.00	47 000.00	平	Q

8. 过次承前。"每一账页登记完毕结转下页时，应当结出本页合计数及余额，写在本页最后一行和下页第一行有关栏内，并在摘要栏内注明'过次页'和'承前页'字样；也可以将本页合计数及金额只写在下页第一行有关栏内，并在摘要栏内注明'承前页'字样。"也就是说，"过次页"和"承前页"的方法有两种：一是在本页最后一行内结出发生额合计数及余额，然后过次页并在次页第一行承前页；二是只在次页第一行承前页写出发生额合计数及余额，不在上页最后一行结出发生额合计数及余额后过次页。(见表5-6和表5-7)

表5-6　账页填满时"过次页"(以第一种方法为例)

总账

科目：原材料

2014年		凭证	摘　要	借　方	贷　方	借或贷	余　额
月	日	顺序号					
2	1					借	5 000
	2	转1	购入	3 000		借	8 000
	10	转3	发出		1 000	借	7 000
	16	转3	发出		1 000	借	6 000
	20	转4	购入	1 000		借	7 000
			过次页	4 000	2 000	借	7 000

表 5-7　账页填写时"承前页"（紧接上表）

总账

科目：原材料

2014 年		凭证	摘　　要	借　方	贷　方	借或贷	余　额
月	日	顺序号					
2	22		承前页	4 000	2 000	借	7 000
	24	转 5	购入	3 000		借	10 000
	25	转 6	发出		1 000	借	9 000

9. 登记发生错误时，必须按规定方法更正，严禁刮、擦、挖、补，或使用化学药物清除字迹。发现差错必须根据差错的具体情况采用划线更下、红字更正、补充登记等方法更正。

10. 定期打印。《规范》第六十一条对实行会计电算化的单位提出了打印上的要求，"实行会计电算化的单位，总账和明细账应当定期打印"："发生收款和付款业务的，在输入收款凭证和付款凭证的当天必须打印出现金日记账和银行存款日记账，并与库存现金核对无误"。这是因为在以机器或其他磁性介质储存的状态下，各种资料或数据的直观性不强，而且信息处理的过程不明，不便于进行某些会计操作和进行内部或外部审计，对会计信息的安全和完整也不利。

5.3　知识准备三　账簿的选择和账页格式、账簿的登记方法

登记账簿时，要按规定设置以下几种账簿，同时不同的账页格式也不要一样。企业一般根据需要主要设置三种账簿，账页格式和登记方法如下。

1. 日记账：现金日记账和银行存款日记账

（1）现金日记账的格式和登记方法。

① 现金日记账的格式。现金日记账是用来核算和监督库存现金每天的收入、支出和结存情况的账簿，其格式有三栏式和多栏式两种。无论采用三栏式还是多栏式现金日记账，都必须使用订本账。

② 现金日记账的登记方法。现金日记账由出纳人员根据同现金收付有关的记账凭证，按时间顺序逐日逐笔进行登记，并根据"上日余额+本日收入−本日支出=本日余额"的公式，逐日结出现金余额，与库存现金实存数核对，以检查每日现金收付是否有误。

借、贷方分设的多栏式现金日记账的登记方法是：先根据有关现金收入业务的记账凭证登记现金收入日记账，根据有关现金支出业务的记账凭证登记现金支出日记账，每日营业终了，根据现金支出日记账结计的支出合计数，一笔转入现金收入日记账的"支出合计"栏中，并结出当日余额。

（2）银行存款日记账的格式和登记方法。银行存款日记账是用来核算和监督银行存款每日的收入、支出和结余情况的账簿（见表 5-8）。银行存款日记账应按企业在银行开立的账户和币种分别设置，每个银行账户设置一本日记账。

银行存款日记账的格式和登记方法与现金日记账相同。

表 5-8 银行存款日记账的登记

银行存款日记账

2014 年		凭证		摘 要	借 方	贷 方	借或贷	余 额
月	日	种类	号数					
12	1			期初余额			借	1 302 000.00
	5	付	1	向河北金属公司采购生铁、铸铁		243 360.00	借	1 058 640.00
	10	付	2	向上海澳宁公司公司采购生铁、铸铁		83 070.00	借	975 570.00
	31			本月合计		326 430.00	借	975 570.00
	31			第四季度合计	6 100 000.00	979 290.00	借	975 570.00
	31			结转下年			借	975 570.00

2．明细分类账的格式和登记方法

（1）明细分类账的格式

明细分类账是根据二级账户或明细账户开设账页，分类、连续地登记经济业务以提供明细核算资料的账簿，其格式有三栏式、多栏式、数量金额式和横线登记式（或称平行式）等多种。

① 三栏式明细分类账。三栏式明细分类账是设有借方、贷方和余额三个栏目，用以分类核算各项经济业务，提供详细核算资料的账簿，其格式与三栏式总账格式相同，适用于只进行金额核算的账户。

② 多栏式明细分类账。多栏式明细分类账是将属于同一个总账科目的各个明细科目合并在一张账页上进行登记，适用于成本费用类科目的明细核算。

③ 数量金额式明细分类账。数量金额式明细分类账的借方（收入）、贷方（发出）和余额（结存）都分别设有数量、单价和金额三个专栏，适用于既要进行金额核算又要进行数量核算的账户。原材料、库存商品、产成品等明细账通常采用数量金额式账簿。

④ 横线登记式明细分类账。横线登记式明细分类账是采用横线登记，即将每一相关的业务登记在一行，从而可依据每一行各个栏目的登记是否齐全来判断该项业务的进展情况。该明细分类账适用于登记材料采购业务、应收票据和一次性备用金业务。

（2）明细分类账的登记方法

不同类型经济业务的明细分类账可根据管理需要，依据记账凭证、原始凭证或汇总原始凭证逐日逐笔或定期汇总登记。固定资产、债权、债务等明细账应逐日逐笔登记；库存商品、原材料、产成品收发明细账以及收入、费用明细账可以逐笔登记，也可定期汇总登记。

（3）明细分类账的登记图例（见表5-9至表5-11）

表5-9　三栏式明细分类账登记：以"应收账款——东方公司"为例

应收账款——东方公司

2013年		凭证		摘　要	借　方	贷　方	借或贷	余　额
月	日	种　类	号　数					
12	1			期初余额			借	120 500
	6	收	3	收回		70 000	借	50 500
	9	转	6	售产品	175 500		借	226 000
	12	转	7	售甲产品	658 125		借	884 125
	20	收	10	收账		658 125	借	226 000
	31			本月合计	833 625	728 125	借	226 000

表5-10　多栏式明细分类账登记：以"管理费用"明细账为例

管理费用明细账

2013年		凭证	摘　要	借	贷	余额	借方分析			
月	日						办公费	材料费用	工　资	折　旧
6	25	付4	购买办公用品	1 000.00			1 000.00			
	30	转2	领料	4 500.00				4 500.00		
	30	转3	工资	5000.00					5 000.00	
	30	转4	折旧	500.00						500.00
	30	转11	结转费用		11 000.00		−1 000.00	−4 500.00	−5 000.00	−500.00
	30		本月合计	11 000.00	11 000.00	0				

表 5-11 数量金额式明细分类账登记：以"原材料"明细账为例

原材料 明细账

总第 页
分第 页

类别
名称 铸铁 计量单位 kg 规格 编号

2014年		凭证		摘要	借 方			贷 方			余 额		
月	日	字	号		数量	单价	金额	数量	单价	金额	数量	单价	金额
9	1			期初余额							50 000	2.4	120 000.00
	5	付	1	向河北金属公司采购铸铁	45 000	2.40	108 000.00				95 000		
	12	转	1	向上海澳宁公司公司采购生铁	10 000	2.40	24 000.00				105 000		
	30	转	2	生产领用				70 000			35 000		
	30			本月合计	55 000		132 000.00	70 000	2.40	168 000.00	35 000	2.4	84 000.00

3. 总分类账的格式和登记方法

（1）总分类账的格式

总分类账是按照总分类账户分类登记以提供总括会计信息的账簿。总分类账最常用的格式为三栏式，设置借方、贷方和余额三个基本金额栏目。

（2）总分类账的登记方法

总分类账可以根据记账凭证逐笔登记，也可以根据经过汇总的科目汇总表或汇总记账凭证登记。

（3）总分类账的登记示例（见表 5-12）

以"原材料"为例，它的明细账格式是数量金额式的，但总账格式是三栏式的。图中显示的登记总账的方法是按照"科目汇总表"方式登记总账的。

表 5-12 "原材料"总账登记

原材料总账

2014年		凭证		摘要	借 方	贷 方	借或贷	余 额
月	日	种类	号数					
9	1			期初余额			借	302 000.00
9	30			科汇字第 9-1 号汇总过入	279 000.00	454 700.00	借	126 300.00
9	30			本月合计	279 000.00	450 000.00	借	126 300.00

5.4 知识准备四 账簿的对账与结账

1. 对账

对账是指在本期内对账簿记录所进行核对。为了保证各种账簿记录的完整和正确，为编制会计报表提供真实可靠的数据资料，必须做好对账工作。

对账包括账证核对、账账核对、账实核对。

（1）账证核对，是指各种账簿的记录与有关会计凭证进行核对。

（2）账账核对，是指各种账簿之间的有关数字进行核对。主要包括：

① 总分类账各账户本月借方发生额合计数与贷方发生额合计数是否相等；期末借方余额合计数与贷方余额合计数是否相等，以检查总分类账户的登记是否正确。

② 各明细分类账的本期借、贷方发生额合计数及期末余额合计数与总分类账应该分别核对相符，以检查各明细分类账的登记是否正确。

③ 现金日记账和银行存款日记账的本期借、贷方发生额合计数及期末余额合计数与总分类账应该分别核对相符，以检查日记账的登记是否正确。

④ 会计部门有关财产物资的明细分类账结存数，应该与财产物资保管或使用部门的有关保管账的账存数核对相符，以检查双方记录是否正确。

（3）账实核对，是指各种财产物资的账面余额与实存数额相核对。具体内容包括：

① 现金日记账账面余额与实地盘点的库存现金实有数相核对；

② 银行存款日记账账面余额与开户银行账目（银行对账单）相核对；

③ 各种财产物资明细分类账账面余额与其清查盘点后的实存数相核对；

④ 应收、应付款明细分类账账面余额与有关债务、债权单位的账目相核对。账实核对一般是通过财产清查进行的。

2. 结账

各个单位的经济活动是连续不断进行的，为了总结每个会计期间（月份、季度、年度）的经济活动情况，考核经营成果，编制会计报表，就必须在每个会计期末进行结账。结账是指在将本期内所发生的经济业务全部登记入账的基础上，于会计期末按照规定的方法结算账目，包括结计出结算出本期发生额和期末余额。

（1）结账的主要程序和内容

① 结账前，必须将本期内发生的各项经济业务全部登记入账。

② 实行权责发生制的单位，按照权责发生制的要求，进行账项调整的账务处理，并在此基础上，进行其他有关转账业务的账务处理，以计算确定本期的成本、费用、收入和利润。需要说明的是，不能为了赶编报表而提前结账，也不能将本期发生的经济业务延至下期登账，也不能先编会计报表后结账。

③ 结账时，应结出现金日记账、银行存款日记账以及总分类账和明细分类账各账户的本期发生额和期末余额，并将期末余额结转下期。

（2）结账的方法

计算登记各种账簿本期发生额和期末余额的工作，一般按月进行，称为月结；有的账目还应按季结算，称为季结；年度终了，还应进行年终结账，称为年结。期末结账主要采用划线结账法，也就是期末结出各账户的本期发生额和期末余额后，加以划线标记，将期末余额结转下期。结账时，不同的账户记录应分别采用不同的方法。

① 月结。每月结账时，应在各账户本月份最后一笔记录下面划一条通栏红线，表示本月结束；然后，在红线下面结出本月发生额和月末余额，如果没有余额，在余额栏内写上"平"或"0"符号。同时，在摘要栏内注明"本月合计"或"×月份发生额及余额"字样，最后，再在下面划一条通栏红线，表示完成月结工作。

② 季结。季结的结账方法与月结基本相同，但在摘要栏内注明"本季合计"或"第×季度发生额及余额"字样。

③ 年结。办理年结时，应在12月月结下面（需办理季结的，应在第4季度的季结下面）结算填列全年12个月的月结发生额和年末余额，如果没有余额，在余额栏内写上"平"或"0"符号，并在摘要栏内注明"本年合计"或"年度发生额及余额"字样；然后，将年初借（贷）方余额抄列于下一行的借（贷）方栏内，并在摘要栏内注明"年初余额"字样，同时将年末借（贷）方余额再列入下一行的贷（借）方栏内，在摘要栏内注明"结转下年"字样；最后，分别加计借贷方合计数，并在合计数下面划通栏双红线表示封账，完成年结工作。需要更换新账的，应在新账有关账户的第一行摘要栏内注明"上年结转"或"年初余额"字样，并将上年的年末余额以相同方向记入新账中的余额栏内。

结账时按下列方法进行。

A. 对于需按月统计发生额的账户，在期末结账时，要在最后一笔业务记录下面的借方栏开始到余额栏为止画通栏单红线，结出本月发生额和余额，在摘要栏内盖"本月合计"戳记，在"本月合计"栏下面再画一条同样的通栏红线。

B. 对于需要结计本年累计发生额的账户每月结账时，应在"本月合计"栏下结出自年初至本月末止的累计发生额，登记在月份发生额下面，在摘要栏写明"本年累计"字样，在栏下再画一条通栏红线，12月末的"本年累计"就是全年累计发生额，应在全年累计发生额下面画通栏双红线。

C. 对于不需按月结计发生额的账户，如应收应付、财产物资明细账，每登记一次，就要随时结出余额，每月最后一笔余额就是月末余额，月末结账时，只需在最后一笔业务记录下面自借方栏至余额栏画通栏红线即可。

D. 对于总账账户只需结出月末金额即可。但在年终结账时，为了总括反映企业财务状况和经营成果全貌，核对账目，需将所有总账账户结出全年发生额和年末余额，在摘要栏内注明"本年合计"字样，并在合计栏下画通栏红线。

E. 企业在年度终了，会计人员需要结账。凡有余额的账户，应将其余额结转下年，即将所有有余额的账户余额直接过入新账余额栏内，而不需专门编制记账凭证，也不需要将余额再记入各账户的借方，使本年余额为零。

（3）结账图示：以"银行存款"总分类账为例，包括月结、季结、年结（见表 5-13）。

表 5-13　"银行存款"总账月结、季结、年结

银行存款总账

2014 年		凭证		摘　要	借　方	贷　方	借或贷	余　额
月	日	种类	号数					
12	1			期初余额			借	1 302 000.00
	31			科汇字第 9-1 号汇总过入		326 430.00	借	975 570.00
	31			本月合计		326 430.00	借	975 570.00
	31			第四季度合计	610 000.00	979 290.00	借	975 570.00
	31			年度合计年末余额	2 440 000.00	3 917 160.00	借	97 5570.00
	31			上年余额	2 452 730.00			
				结转下年		975570.00		
				合计	4892730.00	4892730.00	平	Q

5.5　本章实训

下面是华月股份有限公司的相关业务。

2014 年 8 月 31 日有关账户余额表见表 5-14 和表 5-15。

表 5-14　账户余额表

总账账户	明细账户	数　量	借方金额	贷方金额
原材料			390 000.00	
	生钢	80 000kg	240 000.00	
	熟钢	50 000kg	150 000.00	
银行存款			1 672 000.00	
实收资本	天马公司			1 500 000.00
	博通公司			614 000.00

表 5-15　存货核算方法

主要产品	1#风机、2#风机
存货核算方法	全月一次加权平均法

2014 年 9 月所发生的经济业务如下。

🧩 **实训案例 1（见表 5-16 至表 5-19）**

表 5-16　收料单

收　料　单

2014 年 9 月 5 日　　　　　　　　　　　　　　　　　　　　　字第 9 号

供应者：河北省金属材料公司							发票 08219305 号								
编号	材料名称	规格	送验数量	实收数量	单　位	单价	金　额								
							千	百	十	万	千	百	十	元	角	分
	生钢		40 000	40 000	千克	3.50		1	4	0	0	0	0	0	0
	熟钢		45 000	45 000	千克	4.00		1	8	0	0	0	0	0	0
备注			验收人签章	周	合计		¥320 000.00								

记账：陈力　　　　复核：陈力　　　　保管：张海　　　　制单：马树

表 5-17　中国工商银行转账支票存根

中国工商银行
转账支票存根　（冀）

$\frac{GG}{02}$ 01558406

附加信息

_____

_____

出票日期 2014 年 9 月 5 日

收款人：河北省金属材料公司

金　额：¥374400.00

用　途：购材料款

单位主管 小微　　　　会计 陈力

表5-18　河北省增值税专用发票

河北省增值税专用发票

4300082130　　　　　　　　　　　　河北　　　　　　№08219305

开票日期：2014 年 9 月 5 日

购货单位	名　　　称：	华月股份有限公司						密码区	2132—686　加密板本 01
	纳税人识别号：	430105392367576							< 9-4-1271　4300082130
	地 址、电 话：	保定市南湖路 168 号　85321778							9 < 122@　0821930553
	开户行及账号：	工行南湖支行 5006937475401032117							636 < 333

货物或应税劳务名称	规格型号	单位	数量	单价	金　　额	税率	税　　额
生钢		千克	40 000	3.5	140 000.00	17%	23 800.00
熟钢		千克	45 000	4.0	180 000.00	17%	30 600.00
合计					¥320 000.00		¥54 400.00

价税合计（大写）⊗叁拾柒万肆仟肆佰元整　　　　　（小写）¥374 400.00

销货单位	名　　　称：	河北省金属材料公司	
	纳税人识别号：	430101662358796	
	地 址、电 话：	石家庄市袁家岭 0731-8789089	注
	开户行及账号：	工行五一支行 34609187896678009812	

收款人：　　　复核：小微　　　开票人：宋江　　　销货单位：（章）

第二联　抵扣联　购货方抵扣凭证

表 5-19 河北省增值税专用发票

河北省增值税专用发票

| 4300082130 | | | | | | | | №08219305 | | |

开票日期：2014 年 9 月 5 日

购货单位	名　　　称：	华月股份有限公司						密码区	2132—686　加密板本 01 < 9-4-1271　4300082130 9<122@　0821930553 636<333	
	纳税人识别号：	430105392367576								
	地 址、电 话：	保定市南湖路 168 号 85321778								
	开户行及账号：	工行南湖支行 5006937475401032117								

货物或应税劳务名称	规格型号	单位	数量	单价	金　　额	税率	税　　额
生钢		千克	40 000	3.5	140 000.00	17%	23 800.00
熟钢		千克	45 000	4.0	180 000.00	17%	30 600.00
合　计					¥320 000.00		¥54 400.00

价税合计（大写）⊗叁拾柒万肆仟肆佰元整　　　　　　（小写）¥374 400.00

销货单位	名　　　称：	河北省金属材料公司		备注	河北省金属材料公司 430101662358 发票专用章
	纳税人识别号：	430101662358796			
	地 址、电 话：	石家庄市袁家岭 0731-8789089			
	开户行及账号：	工行五一支行 34609187896678009812			

收款人：　　　　复核：小微　　　开票人：宋江　　　销货单位：（章）

第二联 抵扣联 购货方记账凭证

🍀 实训案例 2（见表 5-20 至表 5-22）

表 5-20　中国工商银行电汇凭证（回单）

中国工商银行电汇凭证（回　单）　　1

□普通　□加急　　　　委托日期 2014 年 9 月 9 日　　　　　No 12083542

汇款人	全称	华月股份有限公司	收款人	全称	上海澳宁有限责任公司
	账号	5006937475401032117		账号	03-830100040024768
	汇出地点	河北省 保定 市/县		汇入地点	省 上海 市/县
汇出行名称		中国工商银行南湖支行	汇入行名称		农业银行上海市嘉定区黄渡支行

金额　人民币（大写）壹拾万零伍仟叁佰元整

亿	千	百	十	万	千	百	十	元	角	分
			¥	1	0	5	3	0	0	0

中国工商银行南湖支行　2014.9.9　转讫

支付密码

附加信息及用途：

汇出行签章　　　　　　　　　　　　复核　　　记账

此联汇出行给汇款人的回单

表 5-21　上海市增值税专用发票

上海市增值税专用发票

3100062650　　　　　　　　　　　　　　　　　　№00126455

开票日期：2014 年 9 月 10 日

购货单位	名　　称：	华月股份有限公司	密码区	9132—789　加密板本 01
	纳税人识别号：	430105392367576		< 9-4-1271　3100062650
	地址、电话：	保定市南湖路 168 号 85321778		9 < 122@　00126455
	开户行及账号：	工行南湖支行 5006937475401032117		542 < 0677

货物或应税劳务名称	规格型号	单位	数量	单价	金　　额	税率	税　　额
生钢		千克	20 000	3.00	60 000.00	17%	10 200.00
熟钢		千克	10 000	3.00	30 000.00	17%	5 100.00
合计					¥90 000.00		¥15 300.00

价税合计（大写）⊗壹拾万零伍仟叁佰元整　　　　　（小写）¥105 300.00

销货单位	名　　称：	上海澳宁有限责任公司
	纳税人识别号：	310115072811740
	地址、电话：	上海市嘉定区利枝路 58389546
	开户行及账号：	农行上海黄渡支行 03-830100040024768

收款人：　　　复核：小微　　　开票人：宋江

上海澳宁有限责任公司 310115072811 销售单位（章）发票专用章

第二联 抵扣联 购货方抵扣凭证

表 5-22 上海增值税专用发票

上海增值税专用发票

3100062650

№00126455

开票日期：2014 年 9 月 10 日

购货单位	名　　　称：	华月股份有限公司		密码区	9132—789　加密板本 01
	纳税人识别号：	430105392367576			＜9-4-1271　3100062650
	地址、电话：	保定市南湖路 168 号 85321778			9＜122@　　00126455
	开户行及账号：	工行南湖支行 5006937475401032117			542＜0677

货物或应税劳务名称	规格型号	单位	数量	单价	金　　额	税率	税　　额
生钢		千克	20 000	3.00	60 000.00	17%	10 200.00
熟钢		千克	10 000	3.00	30 000.00	17%	5 100.00
合计					¥90 000.00		¥15 300.00

价税合计（大写）⊗壹拾万零伍仟叁佰元整　　　　（小写）¥105300.00

销货单位	名　　　称：	上海澳宁有限责任公司	备注	
	纳税人识别号：	310115072811740		上海澳宁有限责任公司
	地址、电话：	上海市嘉定区利枝路 58389546		310115072811740
	开户行及账号：	农行上海黄渡支行 03-830100040024768		发票专用章

收款人：　　　　复核：小微　　　　开票人：宋江　　　　销货单位（章）

第二联　抵扣联　购货方记账凭证

实训案例 3（见表 5-23）

表 5-23 收料单

收 料 单

2014 年 9 月 12 日

字第 9 号

供应者：上海澳宁有限责任公司　　　　　　　　　　发票　00126455 号

编号	材料名称	规格	送验数量	实收数量	单位	单价	金额 千	百	十	万	千	百	十	元	角	分
	生钢		20 000	20 000	千克	3.00				6	0	0	0	0	0	0
	熟钢		10 000	10 000	千克	3.00				3	0	0	0	0	0	0
备注			验收人签章	周	合计	¥90 000.00										

记账：陈力　　　　复核：陈力　　　　保管：张海　　　　制单：马树

♣ 实训案例 4（见表 5-24）

表 5-24　领料凭证汇总表

领料凭证汇总表

2014 年 9 月 30 日　　　　　　　　　　　　　　　　　　　单位：元

材料名称	单位	单价	普通机床		精密机床		车间一般耗用		合　计	
			数量	金额	数量	金额	数量	金额	数量	金额
生钢	千克		60 000		60 000		1 000			
熟钢	千克		40 000		30 000					
合计										

记账：陈力　　　　　复核：陈力　　　　　保管：张海　　　　　制单：马树

♣ 实训案例 5（见表 5-25）

表 5-25　账存实存对比表

账存实存对比表

单位名称：　　　　　2014　年 9 月 30　日

材料名称	计量单位	单价	实　存		账　存		对比结果				备　注
							盘　盈		盘　亏		
			数量	金额	数量	金额	数量	金额	数量	金额	
生钢	千克		18 000								
熟钢	千克		35 000								

记账：陈力　　　　　复核：陈力　　　　　保管：张海　　　　　制单：马树

要求：

（1）根据本期发生的经济业务填制审核会计凭证

① 填写业务中空白的原始凭证；

② 根据所给的原始凭证或原始凭证汇总表编制记账凭证，要求填写明细科目；

③ 登记总账用科目汇总表形式登记。

（2）根据业务完成所涉及的所有账户登记及结账工作（结账时必须结出本月合计）

（3）做题解析

第一步　解读相关原始凭证，填制记账凭证，并登记相关明细账。

实训案例 1 的业务是华月股份有限公司向河北金属公司采购生钢 40 000 千克，单价 3.5 元，采购熟钢 45 000 千克，单价 4 元，已验收入库，款项转账支票支付。这需要填制付款凭证（见表 5-26）。

表 5-26　付款凭证（一）

付款凭证

贷方科目：银行存款　　　　2014 年　9 月　5 日

总字第　1　号
付字第　1　号

摘　要	借方科目		金　额										记账
	总账科目	明细科目	亿	千	百	十	万	千	百	十	元	角	分	
向河北金属公司采购生钢 40 000 千克	原材料	生钢				1	4	0	0	0	0	0	0	
向河北金属公司采购熟钢 45 000 千克	原材料	熟钢				1	8	0	0	0	0	0	0	
	应交税费	应交增值税——进项税额					5	4	4	0	0	0	0	
附件　4　张	合　计			¥	3	7	4	4	0	0	0	0	0	

会计主管：　　　记账：　　　出纳：马红　　　审核：　　　制证：陈力

　　根据此凭证需设置"原材料——生钢"（见表 5-34）、"原材料——熟钢"（见表 5-35）、应交税费——应交增值税（进项税额）（见表 5-36）三个明细账，结合各自的期初余额和当日发生的业务，进行登记。此外，还要登记银行存款日记账（见表 5-33）。

　　实训案例 2 的业务是华月股份有限公司向上海澳宁公司采购生钢 20 000 千克，单价 3 元，采购熟钢 10 000 千克，单价 3 元，材料尚未到达，采用信汇方式支付款项。这需要填制付款凭证（见表 5-27）。

表 5-27　付款凭证（二）

付款凭证

贷方科目：银行存款　　　　2014 年　9 月　10 日

总字第　2　号
付字第　2　号

摘　要	借方科目		金　额										记账
	总账科目	明细科目	亿	千	百	十	万	千	百	十	元	角	分	
向上海澳宁公司采购生钢 20 000 千克	在途物资	生钢					6	0	0	0	0	0	0	
向上海澳宁公司采购熟钢 10 000 千克	在途物资	熟钢					3	0	0	0	0	0	0	
	应交税费	应交增值税——进项税额					1	5	3	0	0	0	0	
附件　3　张	合　计				¥	1	0	5	3	0	0	0	0	

会计主管：　　　记账：　　　出纳：马红　　　审核：　　　制证：陈力

　　根据此凭证需登记"在途物资——生钢"（见表 5-37）、"在途物资——熟钢"（见表 5-38）、应交税费——应交增值税（进项税额）（见表 5-36）三个明细账，由于"在途物资——生钢"、"在途物资——熟钢"是新设置的明细账，需结合各自的期初余额和当日发生的业务，进行登记；应交税费—应交增值税（进项税额）明细账上题已经设置了，按业务发生顺序登记。此外，还要登记银行存款日记账（见表 5-33）。

　　实训案例 3 的业务是华月股份有限公司向上海澳宁公司采购生钢 20 000 千克，单价 3 元，采购熟钢 10 000 千克，单价 3 元，材料到达，验收入库。这需要填制转账凭证（见表 5-28）。

表 5-28　转账凭证

转账凭证

总字第　3　号

2014 年　9 月　12 日

转字第　1　号

摘要	总账科目	明细科目	借方金额									记账 √	贷方金额									记账 √	
			千	百	十	万	千	百	十	元	角	分		千	百	十	万	千	百	十	元	角	分	
采购入库	原材料	生钢				6	0	0	0	0	0	0												
	原材料	熟钢				3	0	0	0	0	0	0												
	在途物资	生钢															6	0	0	0	0	0	0	
	在途物资	熟钢															3	0	0	0	0	0	0	
合计				¥	9	0	0	0	0	0	0				¥	9	0	0	0	0	0	0		

会计主管：　　　记账：　　　出纳：　　　审核：　　　制证：陈力

附单据 1 张

　　这需登记"原材料——生钢"（见表 5-34）、"原材料——熟钢"（见表 5-35）、"在途物资——生钢"（见表 5-37）、"在途物资——熟钢（见表 5-38）"四个明细账。由于四个明细账早已设置好，只需按照业务发生顺序登记。

　　实训案例 4 的业务是华月股份有限公司的这是领料业务，生产普通机床领用生钢 60 000 千克，领用熟钢 40 000 千克；精密机床领用生钢 60 000 千克，领用熟钢 30 000 千克；车间一般耗用领用生钢 1 000 千克。由于资料中说明存货的计价方式为全月一次加权平均法，主要是针对发出存货的计价必须采用该方法求出发出的生钢和熟钢的单价。

　　此时需要应用全月一次加权平均法公式。公式如下：

　　某种存货的全月一次加权平均单价=（月初该存货金额+本月该存货入库金额）÷（月初该存货数量+本月该存货入库数量）

某种存货发出的成本=该存货发出数量×该种存货的全月一次加权平均单价

根据以上公式分别求出生钢、熟钢发出的成本，完善填全领料凭证汇总表

生钢的全月一次加权平均单价=（月初该存货金额+本月该存货入库金额）÷
（月初该存货数量+本月该存货入库数量）=（240 000+140 000+60 000）÷
（80 000+40 000+20 000）=3.14（元）

发出生钢的金额=该存货发出数量×该种存货的全月一次加权平均单价
=60 000×2.35+60 000×2.35+1 000×2.35=379 940（元）

同理，也可按此法求出

熟钢的单价=（150 000+180 000+30 000）÷（50 000+45 000+10 000）=3.43

发出熟钢的成本=70 000×3.43=240 100（元）

从而完善领料凭证汇总表（见表5-29）。

表5-29 领料凭证汇总表

2014 年 9 月 30 日

单位：元

材料名称	单 位	单 价	普通机床		精密机床		车间一般耗用		合 计	
			数 量	金 额	数 量	金 额	数 量	金 额	数 量	金 额
生钢	千克		60 000	188 400	60 000	188 400	1 000	3 140	121 000	379 940
熟钢	千克		40 000	137 200	30 000	102 900			70 000	240 100
合计			100 000	325 600	90 000	291 300	1 000	3 140		620 040

记账：陈力 复核：陈力 保管：张海 制单：马树

这笔业务要填制转账凭证（见表5-30）。

这笔业务需要新设置"生产成本——普通机床（见表5-39）、生产成本——精密机床（见表5-40）、制造费用——基本生产（见表5-41）三个明细账。此外"原材料——生钢、原材料——熟钢"早已设置，只需按照业务发生顺序登记。

表 5-30 转账凭证

转 账 凭 证

总字第 4 号

2014 年 9 月 30 日

转字第 2 号

摘要	总账科目	明细科目	借方金额									记账 √	贷方金额									记账 √	
			千	百	十	万	千	百	十	元	角	分		千	百	十	万	千	百	十	元	角	分	
领料	生产成本	普通机床			3	2	5	6	0	0	0	0												
	生产成本	精密机床			2	9	1	3	0	0	0	0												
	制造费用	基本生产					3	1	4	0	0	0												
	原材料	生钢													3	7	9	9	4	0	0	0	0	
	原材料	熟钢													2	4	0	1	0	0	0	0	0	
合 计				¥	6	2	0	0	4	0	0	0			¥	6	2	0	0	4	0	0	0	

附单据 1 张

会计主管：　　　记账：　　　出纳：　　　审核：　　　制证：陈力

实训案例 5 的业务是华月股份有限公司的存货清单。清查中要确定存货账面数量，然后和实存数量比较。

① 期末账面数量=期初数量+本月入库数量–本月发出数量。

所以

生钢期末账面数量=期初数量+本月入库数量–本月发出数量

=80 000+（40 000+20 000）–121 000=19 000（千克）

熟钢期末账面数量=期初数量+本月入库数量–本月发出数量

=50 000+（45 000+10 000）–70 000=35 000（千克）

② 期末账面数量和实存数量比较

实存数量–账面数量 > 0→盘盈　金额=（实存数量–账面数量）×全月一次加权平均单价

实存数量–账面数量 < 0→盘亏　金额=（实存数量–账面数量）×全月一次加权平均单价

生钢=18 000–19 000=–1 000→盘亏　金额=（18 000–19 000）×3.14=–3 140（元）

此时，完善账存实存对比表（见表 5-31）。

表 5-31 账存实存对比表

账存实存对比表

单位名称：　　　　　　　　　　　　　　2014 年 9 月 30 日

材料名称	计量单位	单价	实　存		账　存		对比结果				备注
							盘　盈		盘　亏		
			数量	金额	数量	金额	数量	金额	数量	金额	
生钢	千克		18 000		19 000				−1 000	−3 140	
熟钢	千克		35 000		35 000						

此时需要填制转账凭证（见表 5-32）。此时只是发现盘亏，需要上报，等待处理。

表 5-32 转账凭证

转 账 凭 证

总字第　5　号

2014 年　9 月　30 日　　　　　　　　　转字第　3　号

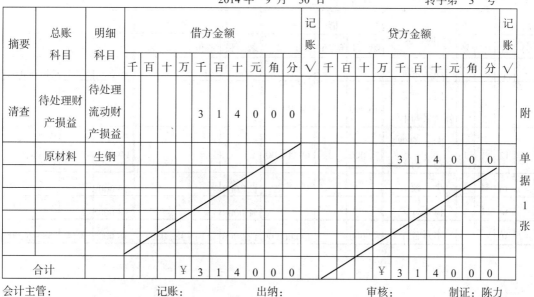

摘要	总账科目	明细科目	借方金额									记账√	贷方金额									记账√	
			千	百	十	万	千	百	十	元	角	分		千	百	十	万	千	百	十	元	角	分	
清查	待处理财产损益	待处理流动财产损益					3	1	4	0	0	0												
	原材料	生钢																3	1	4	0	0	0	
合计						¥	3	1	4	0	0	0					¥	3	1	4	0	0	0	

会计主管：　　　　　记账：　　　　　出纳：　　　　　审核：　　　　　制证：陈力

这需要新设置"待处理财产损益——待处理流动财产损益"明细账（见表 5-42），"原材料——生钢"只需按照业务发生顺序登记。

第二步　期末工作，进行明细账结账，登记总账并结账。

① 进行明细账结账，结出本月发生额，划单红线结账（以加粗线替代）。

表 5-33　银行存款日记账

银行存款日记账

2014 年		凭证		摘 要	借 方	贷 方	借或贷	余 额
月	日	种类	号 数					
9	1			期初余额			借	1 672 000.00
	5	付	1	向河北金属公司采购生钢、熟钢		374 400.00	借	1 297 600.00
	10	付	2	向上海澳宁公司采购生钢、熟钢		105 300.00	借	1 192 300.00
	30			本月合计		479 700.00		1 192 300.00

表 5-34　原材料——生钢明细账

原材料 明细账

总第　　页
分第　　页

类别

名称 生钢　　　　　计量单位 kg　　　　　规格　　　　　编号

2014 年		凭证		摘 要	借 方			贷 方			余 额		
月	日	字	号		数 量	单 价	金 额	数 量	单 价	金 额	数 量	单 价	金 额
9	1			期初余额							80 000	3	240 000.00
	5	付	1	向河北金属公司采购生钢	40 000	3.5	140 000.00				120 000		
	12	转	1	向上海澳宁公司采购生钢	20 000	3	60 000.00				140 000		
	30	转	2	生产领用				121 000			19 000		
	30	转	3	清查				1 000			18 000		
	30			本月合计	60 000		200 000.00	122 000	3.14	383 080.00	18 000	3.14	56 920.00

表 5-35 原材料——熟钢明细账

原材料 明细账

总第　　　页
分第　　　页

类别

名称 熟钢　　　　　　　计量单位 kg　　　　　　规格　　　　　　编号

2014年		凭证		摘要	借　方			贷　方			余　额		
月	日	字	号		数量	单价	金额	数量	单价	金额	数量	单价	金额
9	1			期初余额							50 000	3	150 000.00
	5	付	1	向河北金属公司采购熟钢	45 000	4	180 000.00				95 000		
	12	转	1	向上海澳宁公司采购熟钢	10 000	3	30 000.00				105 000		
	30	转	2	生产领用				70 000			35 000		
	30			本月合计	55 000		210 000.00	70 000	3.43	240 100.00	35 000	3.43	119 900.00

表 5-36 应交税费——应交增值税明细账

应交税费（应交增值税）

2014年		凭证		摘　要	借　方			贷　方				借或贷	余额
月	日	字	号		合　计	进项税额	已交税金	合计	销项税额	进项税额转出	出口退税		
9	5	付	1	向河北金属公司采购生钢熟钢	54 400.00	54 400.00							
9	10	付	2	向上海澳宁公司采购生钢熟钢	15 300.00	15 300.00							
9	30			本月合计	69 700.00	69 700.00						借	69 700.00

表 5-37 在途物资——生钢明细账

明　细　账

科目：在途物资——生钢　　　　　编号（　　）　　　　　2014 年度　　　　　页码：

记账凭单			摘　要	借　方	贷　方	借或贷	余　额
月	日	顺序号					
9	10	付2	向上海澳宁公司采购生钢 20 000 千克	60 000.00		借	60 000.00
	12	转1	向上海澳宁公司采购生钢 20 000 千克入库		60 000.00	平	Q
			本月合计	600 00.00	60 000.00	平	Q

表 5-38 在途物资——熟钢明细账

明　细　账

科目：在途物资——熟钢　　　　　编号（　　）　　　　　2014 年度　　　　　页码：

记账凭单			摘　要	借　方	贷　方	借或贷	余　额
月	日	顺序号					
9	10	付2	向上海澳宁公司采购熟钢 10 000 千克	30 000.00		借	30 000.00
	12	转1	向上海澳宁公司采购熟钢 10 000 千克入库		30 000.00	平	Q
本月合计	本月合计			30 000.00	30 000.00	平	Q

表 5-39 生产成本——普通机床明细账

生产成本明细账

产品名称：普通机床　　　　　2014 年 9 月　　　　　批量：190

2010 年		凭　证		摘　要	成　本　项　目			
月	日	类别	号数		直接材料	直接工资	制造费用	合计
9	30	转2		生产普通机床领用生钢熟钢	325 600.00			325 600.00

表 5-40　生产成本——精密机床明细账

生产成本明细账

产品名称：精密机床　　　　　　　　2014 年 9 月　　　　　　　　批量：190

2010 年		凭　　证		摘　　要	成　本　项　目			
月	日	类别	号数		直接材料	直接工资	制造费用	合计
9	30	转 2		生产精密机床领用生钢熟钢	291 300.00			291 300.00

表 5-41　制造费用——基本生产车间明细账

制造费用明细账

车间名称：基本生产车间　　　　　　2014 年 9 月　　　　　　　　批量：190

2010 年		凭　　证		摘　　要	成　本　项　目			
月	日	类别	号数		直接材料	直接工资	制造费用	合计
9	30	转 2		车间一般耗用	3 140.00			3 140.00

表 5-42　待处理财产损益——待处理流动财产损益明细账

明　　细　　账

科目：待处理财产损益——待处理流动财产损益　　　编号（　　）　　2014 年度　　　页码：

记账凭单			摘　　要	借　方	贷　方	借或贷	余　额
月	日	顺序号					
9	30	转 3	清查	3 140.00		借	3 140.00

　　此外，实收资本明细账，由于本月发生业务未涉及相关内容，因此不需登记。注意，登记相关日记账和明细账账簿后，不要忘记在记账凭证后面最后一栏的记账处打上"√"，防止漏记和重复记账。

　　② 登记总账并结账。采用科目汇总表形式，首先在草稿纸上编制"┬"账户，归集本月发生的每个科目的借、贷方发生额，然后编制科目汇总表，最后根据科目汇总表登记总账。

　　首先在草稿纸上编制每个科目的"┬"账户（见表 5-43 至表 5-49）。

表 5-43 银行存款

借	贷
	374 400
	105 300
	479 700

表 5-44 原材料

借	贷
140 000	379 940
180 000	240 100
60 000	3 140
30 000	
410 000	623 180

表 5-45 应交税费

借	贷
54 400	
15 300	
69 700	

表 5-46 在途物资

借	贷
60 000	60 000
30 000	30 000
90 000	90 000

表 5-47 生产成本

借	贷
325 600	
291 300	
616 900	

表 5-48 制造费用

借	贷
3140	
3140	

表 5-49 待处理财产损益

借	贷
3 140	
3 140	

然后根据上面所做,编制科目汇总表(见表 5-50)。

表 5-50 科目汇总表

科 目 汇 总 表　　　　科汇字第 9-1 号

2014 年 9 月 1 日至 30 日　　　　凭证总字 1 号至总字 5 号共 5 张

会计科目	借 方	贷 方	记 账 √
银行存款		479 700.00	
原材料	410 000.00	623 180.00	
应交税费	69 700.00		
在途物资	90 000.00	90 000.00	
生产成本	616 900.00		
制造费用	3 140.00		
待处理财产损益	3 140.00		
合计	1 192 880.00	1 192 880.00	

最后根据科目汇总表登记总账(见表 5-51 至表 5-57)。

表 5-51 银行存款总账

银行存款总账

2014 年 月	日	凭 证 种 类	号 数	摘 要	借 方	贷 方	借或贷	余 额
9	1			期初余额			借	1 672 000.00
9	30			科汇字第 9-1 号汇总过入		479 700.00	借	1 192 300.00
9	30			本月合计		479 700.00	借	1 192 300.00

表 5-52 原材料总账

原材料总账

2014 年 月	日	凭 证 种 类	号 数	摘 要	借 方	贷 方	借或贷	余 额
9	1			期初余额			借	390 000.00
9	30			科汇字第 9-1 号汇总过入	410 000.00	623 180.00	借	176 820.00
9	30			本月合计	410 000.00	623 180.00	借	176 820.00

表 5-53　应交税费总账

应交税费总账

2014 年		凭 证		摘　要	借　方	贷　方	借或贷	余　额
月	日	种　类	号　数					
9	30			科汇字第 9-1 号汇总过入	69 700.00		借	69 700.00

表 5-54　生产成本总账

生产成本总账

2010 年		凭 证		摘　要	借　方	贷　方	借或贷	余　额
月	日	种　类	号　数					
9	30			科汇字第 9-1 号汇总过入	616 900.00		借	616 900.00

表 5-55　在途物资总账

在途物资总账

2014 年		凭 证		摘　要	借　方	贷　方	借或贷	余　额
月	日	种　类	号　数					
9	30			科汇字第 9-1 号汇总过入	90 000.00	90 000.00	平	Q

表 5-56　制造费用总账

制造费用总账

2014 年		凭 证		摘　要	借　方	贷　方	借或贷	余　额
月	日	种　类	号　数					
9	30			科汇字第 9-1 号汇总过入	3 140.00		借	3 140.00

表 5-57　待处理财产损益总账

待处理财产损益总账

2014 年		凭 证		摘　要	借　方	贷　方	借或贷	余　额
月	日	种　类	号　数					
9	30			科汇字第 9-1 号汇总过入	3 140.00		借	3 140.00

此外，实收资本总账，由于没有发生业务故略去不再登记。进行总账与明细账等的对账，金额一致。注意，登记相关总账账簿后，不要忘记在记账凭证和科目汇总表后面最后一栏的记账处打上"√"，防止漏记和重复记账。

通过以上这个实例给大家大致描述了企业做账的过程：理解原始凭证—填制记账凭证—登记账簿（按照业务如有现金、银行存款业务，首先要设置这两本日记账，并按业务发生顺序登记；然后设置其他明细账，要按科目选择明细账账页格式，并按照业务发生顺序分别登记；最后根据科目汇总表登记总账）。

项目六 会计报表编制实训

6.1 知识准备一 资产负债表的编制

1. 资产负债表的概念和意义

（1）概念

资产负债表是反映企业在某一特定日期（月末、季末或年末）财务状况的财务报表。它是根据"资产=负债+所有者权益"这一会计等式，按照一定的编制要求编制而成的。资产负债表是企业财务报表体系中的主要报表。

从性质上讲，资产负债表是一个静态的财务报表。它是以相对静止的方式反映企业资产、负债和所有者权益的总量及构成的。换言之，报表中反映的财务状况只是某一时点（编报日）上的状态，过了这一时点，企业的财务状况就会变化。

（2）意义

① 可以了解企业在某一特定日期所拥有或控制的经济资源及其构成、所承担的债务责任以及投资者所拥有的权益情况；

② 评价企业的变现能力和偿债能力；

③ 考察企业资本的保全和增值情况；

④ 评估企业的资本结构和财务实力；

⑤ 预测企业未来的财务状况变动趋势。

2. 资产负债表的项目分类与排列

由于我国会计准则规定企业只能采用账户式资产负债表格式，因此下面关于资产负债表的所有介绍及举例均以账户式资产负债表为依据。

（1）资产项目的分类与排列

原则：根据资产的流动性强弱顺序排列，流动性强者在前，流动性弱者在后。（所谓资产的流动性，是指资产的变现能力，即能否变现以及能否及时或不受约束地变现。）

① 流动资产包括的项目依次排列为货币资金、交易性金融资产、应收票据、应收账款、预付款项、应收股利、应收利息、其他应收款、存货、一年内到期的非流动资产、其他流动资产。

② 非流动资产包括的项目依次排列为可供出售金融资产、持有至到期投资、长期应收款、长期股权投资、投资性房地产、固定资产、在建工程、工程物资、固定资产清理、生

产性生物资产、油气资产、无形资产、开发支出、商誉、长期待摊费用、递延所得税资产、其他非流动资产。

（2）负债类项目的分类与排列

原则：按照偿还期限顺序排列，偿还期短（一年以内）者排在前面，偿还期长（一年以上）者排在后面。

① 流动负债包括的项目依次排列为短期借款、交易性金融负债、应付票据、应付账款、预收款项、应付职工薪酬、应交税费、应付利息、应付股利、其他应付款、一年内到期的非流动负债、其他流动负债。

② 非流动负债包括的项目依次为长期借款、应付债券、长期应付款、专项应付款、预计负债、递延所得税负债、其他非流动负债。

（3）所有者权益类项目的分类与排列

原则：按照永久性程度（企业可使用情况）的高低顺序排列，永久性程度高者排在前面，永久性程度低者排在后面。

所有者权益类项目包括的项目依次为实收资本（或股本）、资本公积、库存股、盈余公积、未分配利润。

3．资产负债表的编制

由于资产负债表是总括反映企业某一特定日期的全部资产、负债、所有者权益情况的报表，而各有关账户的期末余额分类反映企业某一特定日期的资产、负债和所有者权益情况，资产负债表各项目的期末数与各有关账户的期末余额在反映内容上的共性，决定了资产负债表项目应根据各有关账户的期末余额填列。但是，资产负债表各项目反映的内容与各有关账户反映的内容又不完全相同，有的可以从账户中直接填列，有的更概括，有的更为集中。因此，资产负债表各项目有的直接根据有关账户的期末余额填列，有的则要根据有关账户的期末余额分析填列。

资产负债表项目的具体填列方法如下。

（1）表中各项"年初余额"的填列

资产负债表"年初余额"栏内各项数字，应根据上年末资产负债表"期末余额"栏内所列数字填列。如果本年度资产负债表规定的各个项目的名称和内容同上年度不相一致，应对上年末资产负债表各项目的名称和数字按照本年度的规定进行调整，填入表中"年初余额"栏内。

（2）表中各项目"期末余额"的填列

资产负债表"期末余额"栏内各项数字，应根据会计账簿记录填列。其中，大多数项目可以直接根据账户余额填列，少数项目则要根据账户余额进行分析、计算后填列，具体填列方法有以下几种。

① 直接根据总分类账户余额填列

资产负债表中大多项目的数字可以根据有关总分类账户的余额直接填列。有些报表项目与会计科目相同，如"交易性金融资产"、"应收票据"、"累计折旧"、"短期借款"、"其他应付款"、"实收资本"、"资本公积"、"盈余公积"等。

② 根据若干个总分类账户的期末余额计算填列

例如，"货币资金"项目应根据"库存现金"、"银行存款"、"其他货币资金"总分类账户期末余额合计数填列；"存货"项目应根据"在途物资"、"原材料"、"生产成本"、"周转材料"、"库存商品"等账户余额合计填列；"长期股权投资"项目应按照"长期股权投资"账户余额扣除"长期股权投资减值准备"账户余额后填列；"固定资产"项目应按照"固定资产"账户余额扣除"累计折旧"和"固定资产减值准备"账户余额后填列；"无形资产"项目应按照"无形资产"账户余额扣除"累计摊销"和"无形资产减值准备"账户余额后填列。由于企业在会计年度内一般采用"表结账不结"的结账方法，因此在会计年度内的各月末的资产负债表中的"未分配利润"项目应根据"本年利润"和"利润分配"账户的贷方余额合计填列。如果这两个账户合并后出现借方余额，则作为亏损，以负数填列。

③ 根据总分类账户所属明细分类账户余额分析、计算后填列

资产负债表某些项目不能根据总分类账户的期末余额，或若干个总分类账户的期末余额计算填列，需要根据有关账户所属的相关明细账户的期末余额计算填列，如"应收账款"、"预付款项"、"应付账款"及"预收款项"等项目。

A. "应收账款"项目应根据"应收账款"总分类账户所属的各明细账户的期末借方余额和"预收账款"总分类账户所属各明细分类账户的期末借方余额合计数，减去"坏账准备"科目中有关应收账款和预收账款计提坏账准备期末余额后的金额填列。即，如果"应收账款"总分类账户所属的明细账户出现贷方余额，应在"预收款项"项目中反映；如"预收账款"总分类账户所属的明细账户出现借方余额，应合并填列在本项目内。（这两个账户反映的都是销售货款的结算情况，所以放在一起合并计算。）

B. "预付账款"项目应根据"预付账款"和"应付账款"总分类账户所属各明细分类账户的期末借方余额合计填列，即如果"应付账款"账户所属的明细账户有借方余额也在本项目内合并反映。（这两个账户反映的都是购货环节的货款结算情况，所以放在一起计算。）

C. "应付账款"项目应根据"应付账款"和"预付账款"总分类账户所属各明细分类账户的期末贷方余额合计填列。如"应付账款"明细账户有借方余额，应在"预付款项"项目内反映。

D. "预收账款"项目应根据"预收账款"和"应收账款"总分类账户所属各明细分类映户的期末贷方余额合计填列。如"预收账款"明细账户有借方余额的，应在"应收账款"项目内反映。

④ 根据总账账户和明细账户余额分析计算填列

资产负债表上某些项目不能根据有关总账账户的期末余额直接填列或计算填列，也不

可能根据有关账户所属相关明细账户的期末余额计算填列，需要根据总账账户和明细账户余额分析计算填列。例如，"长期借款"项目要根据"长期借款"总账账户余额扣除"长期借款"账户所属的明细账户中反映的将在一年内到期的长期借款部分计算填列。

4．实训案例　编制资产负债表

根据资料编制一份资产负债表。

资料：华月股份有限公司企业 2014 年 11 月 31 日有关账户余额如表 6-1 所示。

表 6-1　有关账户期末余额　　　　　　　　　　　　　　　单位：元

账户名称		借　方	贷　方
总分类账户	明细分类账户		
库存现金		15 000	
银行存款		500 000	
其他货币资金		25 000	
应收账款	A 公司	6 000	
	B 公司		2 000
预付账款	C 公司	1 850	
	D 公司		350
其他应账款		1 000	
坏账准备			3 000
原材料		36 000	
产成品		11 600	
生产成本		2 400	
持有至到期投资	债券投资	60 000	
固定资产		700 000	
累计折旧			250 000
无形资产		89 000	
应付账款			16 000
预收账款	E 公司	150	
	F 公司		8 900
实收资本			666 750
本年利润			424 000
利润分配			77 000
合计		1 448 000	1 448 000

解答：按照编制方法，找好四种科目，然后对号入座进行编制。关键，记住那些特殊的，剩下的大多数根据科目余额直接填列。几种特殊的填制方法如下：

（1）货币资金=库存现金+银行存款+其他货币资金

（2）存货=材料采购（在途材料）+原材料+库存商品+生产成本+周转材料+委托加工物资+发出商品+材料成本差异（借方为正）−存货跌价准备（贷方余额）

（3）未分配利润=本年利润（贷方为正）+利润分配（贷方为正）

（4）应收账款=（应收账款明细账借方余额+预收账款明细账借方余额）−坏账准备

（5）应付账款=应付账款明细账贷方余额+预付账款明细账贷方余额

（6）预收账款=应收账款明细账贷方余额+预收账款明细账贷方余额

（7）预付账款=应付账款明细账借方余额+预付账款明细账借方余额

（8）"长期应收款"、"长期待摊费用"、"长期借款"、"应付债券"、"长期应付款"等长期项目，应扣除将于一年内到期的金额（该部分已从长期性质转化为短期性质，应单列入相关的流动项目中）。

（9）已经计提减值准备的，应减去减值部分，按净额填列。

存货——存货跌价准备

持有至到期投资——持有至到期投资减值准备

长期股权投资——长期股权投资减值准备

固定资产——累计折旧、固定资产减值准备

在建工程——在建工程减值准备

无形资产——累计摊销、无形资产减值准备

以上是特殊的，剩余的就是根据相关科目余额直接填列的。因此针对以上题目，编制表 6-2。

表 6-2 资产负债表

编制单位：华月股份有限公司　　　　　　2014 年 12 月 31 日　　　　　　　　单位：元

资　产	年初数	年 末 数	负债及所有者权益	年初数	年 末 数
流动资产：			流动负债		
货币资金		15 000+500 000+25 000 = 540 000	短期借款		
交易性金融资产			交易性金额负债		
应收票据			应付票据		
应收账款		6 000+150–3 000=3 150	应付账款		16 000+350=16 350
预付账款		1 850	预收账款		2 000+8 900=10 900
应收利息			应付职工薪酬		
应收股利			应交税费		
其他应收款		1 000	应付利息		
存货		36 000+11 600+2 400=50 000	应付股利		
一年内到期的非流动资产			其他应付款		
其他流动资产			一年内到期的非流动负债		
流动资产合计		596 000	其他流动负债		
非流动资产			流动负债合计		27 250
可供出售金融资产			非流动负债		
持有至到期投资		60 000	长期借款		
长期应收款			应付债券		
长期股权投资			长期应付款		
投资性房地产			专项应付款		
固定资产		700 000–250 000=450 000	预计负债		
在建工程			递延所得税负债		
工程物资			其他非流动负债		
固定资产清理			非流动负债合计		
生产性生物资产			负债合计		
无形资产		89 000	所有者权益（或股东权益）：		
开发支出			实收资本（或股本）		666 750
商誉			资本公积		

资　产	年初数	年　末　数	负债及所有者权益	年初数	年　末　数
长期待摊费用			减：库存股		
递延所得税资产			盈余公积		
其他非流动资产			未分配利润		424 000+77 000=501 000
非流动资产合计	599 000		所有者权益合计		
资产总计	1 195 000		负债和所有者权益总计		1 195 000

6.2　知识准备二　利润表的编制

1．利润表的概念和意义

（1）概念

利润表又称收益表、损益表，它是用以反映企业在一定时期（如年度、季度、月份）内经营成果的报表。利润表是以"收入－费用=利润"的会计等式为依据编制的。

从性质上讲，利润表是一个动态的财务报表。它是将一个会计期间内的收入、收益与同一会计期间的成本、费用进行配比，求出该会计期间的净利润（亏损）。换言之，报表中反映的财务状况是某一时期企业生产经营的结果，是一个时期数。

（2）意义

① 可以了解企业某一期间实现净利润或发生亏损情况；

② 分析企业利润计划的执行情况及利润增减变化的原因；

③ 评价企业经济效益的高低；

④ 判断企业的盈利能力以及未来一定时期内的盈利趋势。

2．利润表的编制方法

编制利润表主要是把企业在某一经营期间的收入、费用和成本以及由此所配比计算出的盈亏情况报告给信息使用者，所以利润表是一种动态性的报表，它反映的是编报主体在某一期间的经营成果。只有账户的发生额才能反映一定期间的变化情况，因此利润表是以账户的发生额为依据编制的。但不是所有账户的发生额都与利润有关，只有损益类账户（收入类和费用类账户）所登记的内容，才能计算出本期的利润。所以利润表根据损益类账户的本期发生额编制。

（1）本月金额的填列方法

① "营业收入"项目应根据"主营业务收入"和"其他业务收入"账户的本月发生额合计填列。

②　"营业成本"项目应根据"主营业务成本"和"其他业务成本"账户的本月发生额合计填列。

③　"营业税额及附加"、"销售费用"、"管理费用"、"财务费用"、"资产减值损失"、"营业外支出"、"营业外收入"和"所得税费用"项目应根据各自总分类账户的发生额填列。

④　"公允价值变动损益"项目应根据"公允价值变动损益"账户的本期发生额分析填列，如果为公允价值变动损失，则以"-"填列。

⑤　"投资收益"项目应根据"投资收益"账户的本期发生额分析填列，如果为投资损失，则以"-"填列。

⑥　"对联营企业和合营企业的投资收益"项目反映对联营企业和合营企业投资所取得投资收益，本项目应根据"投资收益"账户所属的明细分类账户的本期发生额分析填列，如果为投资损失，则以"-"填列。

⑦　"非流动资产处置损失"项目反映企业发生的非流动资产处置损失。本项目应根据"营业外支出"账户所属的明细分类账户的本期发生额分析填列。

⑧　"基本每股收益"和"稀释每股收益"项目是按不同依据计算的每股收益，反映企业的获利能力。基础会计中不要求掌握这两个指标的计算。

⑨　报表中的其他项目，包括"营业利润"、"利润总额"和"净利润"项目，按照一定的公式计算后填列。

（2）本年累计金额的填列方法

本年累计金额反映各项目自年初起至本月末止的累计实际发生数，其金额等于截止到上月末的累计金额与本月金额之和。

（3）上年金额的填列方法

在编制年度报表时，应将表中的"本年累计金额"改为"上年金额"，填列上年全年累计实际发生数。如果上年度利润表的项目名称和内容与本年度利润表不相一致，应对上年度报表项目的名称和数字按本年度的规定进行调整，填入本表"上年金额"栏。

3. 实训案例　编制利润表

根据资料编制利润表（只填列本月数）。

资料：华月股份公司 2014 年 11 月有关账户发生额如表 6-3 所示。

表 6-3　华月股份公司 2014 年 11 月有关账户发生额　　　　　　单位：元

账户名称	借　方	贷　方
主营业务收入		38 000
主营业务成本	5 500	
销售费用	500	
营业税额及附加	2 000	

续表

账户名称	借　　方	贷　　方
其他业务收入		8 800
其他业务成本	800	
管理费用	1 000	
财务费用	600	
公允价值变动损益	500	
投资收益		5 200
资产减值损失		200
营业外收入		1 000
营业外支出	500	
所得税费用	900	

解答：

注意以下几点：

（1）根据损益类账户发生额分析填列。

（2）营业收入=主营业务收入+其他业务收入。

（3）营业成本=主营业务成本+其他业务成本。

根据以上分析填制利润表，如表6-4所示。

表6-4　利润表

编制单位：华月股份公司　　　　　　　　　2014年11月　　　　　　　　　单位：元

项　　目	本　月　数	本年累计数
一、营业收入	38 000+8 800=46 800	
减：营业成本	5 500+800=6 300	
营业税额及附加	2 000	
销售费用	500	
管理费用	1 000	
财务费用	600	
资产减值损失	−200	
加：公允价值变动收益（损失以"−"号填列）	−500	
投资收益（损失以"−"号填列）	5 200	
其中：对联营企业和合营企业的投资收益		
二、营业利润（损失以"−"号填列）	41 300	
加：营业外收入	1 000	
减：营业外支出	500	

项　目	本月数	本年累计数
其中：非流动资产处置损失		
三、利润总额（损失以"–"号填列）	41 800	
减：所得税费用	900	
四、净利润（损失以"–"号填列）	40 900	

6.3　本章实训

实训 1　练习编制资产负债表

资料：

1. 华月股份有限责任公司 2014 年 12 月 31 日有关总分类账户期末余额如表 6-5 所示。

表 6-5　有关总分类账户期末余额　　　　　　　　　　　　　　　　单位：元

账户名称	期末余额		账户名称	期末余额	
	借　方	贷　方		借　方	贷　方
库存现金	25 000		短期借款		300 000
银行存款	1 050 000		应付票据		120 000
其他货币资金	350 000		应付账款		450 000
交易性金融资产	64 000		预收账款		80 000
应收票据	185 000		其他应付款		2 000
应收账款	800 000		应付职工薪酬		18 000
坏账准备		3 500	应交税费		102 000
预付账款	150 000		应付股利		22 800
其他应收款	5 000		长期借款		1 520 000
材料采购	500 000		应付债券		600 000
原材料	550 000		长期应付款		600 000
低值易耗品	300 000		实收资本		5 000 000
库存商品	280 000		资本公积		301 200
发出商品	20 000		盈余公积		522 000
材料成本差异		15 000	未分配利润		603 000
生产成本	80 000				
存货跌价准备		75 000			
长期股权投资	360 000				

账户名称	期末余额		账户名称	期末余额	
	借　方	贷　方		借　方	贷　方
持有至到期投资	260 000				
长期股权投资减值准备		100 000			
长期应收款	50 000				
固定资产	5 800 000				
累计折旧		1 160 000			
工程物资	80 000				
在建工程	360 000				
无形资产	350 000				
累计摊销		100 000			
长期待摊费用	80 000				
递延所得税负债		4 500			

2. 华月股份有限责任公司 2014 年 12 月 31 日有关总分类账户所属明细账户的期末余额如表 6-6 所示。

表 6-6　有关总分类账户所属明细账户的期末余额　　　　　　单位：元

总分类账户	明细分类账户	期末余额	
		借　方	贷　方
应收账款	应收甲公司账款	965 000	
	应收乙公司账款		165 000
应付账款	应付 A 公司账款		500 000
	应付 B 公司账款	50 000	
预付账款	预付 C 公司账款	170 000	
	预付 D 公司账款		20 000
预收账款	预收 E 公司账款		100 000
	预收 F 公司账款	20 000	

3. 其他资料

（1）"持有至到期投资"账户期末借方余额 260 000 元中，有一年内到期的债券投资 50 000 元。

（2）"长期借款"账户期末贷方余额 1 520 000 中，有一年内到期的借款 500 000 元。

（3）"应付债券"账户期末贷方余额 600 000 元中，有一年内到期的应付债券 400 000 元。

【要求】根据上述资料，编制资产负债表，如表 6-7 所示。

表 6-7　资产负债表

编制单位：　　　　　　　　　　　　　　　年　　　　月　　　　日　　　　　　　　　　　　　单位：元

资　　产	年初数	年末数	负债和所有者权益	年初数	年末数
流动资产：			流动负债：		
货币资金			短期借款		
交易性金融资产			交易性金额负债		
应收票据			应付票据		
应收账款			应付账款		
预付账款			预收账款		
应收利息			应付职工薪酬		
应收股利			应交税费		
其他应收款			应付利息		
存货			应付股利		
一年内到期的非流动资产			其他应付款		
其他流动资产			一年内到期的非流动负债		
流动资产合计			其他流动负债：		
非流动资产：			流动负债合计		
可供出售金融资产			非流动负债：		
持有至到期投资			长期借款		
长期应收款			应付债券		
长期股权投资			长期应付款		
投资性房地产			专项应付款		
固定资产			预计负债		
在建工程			递延所得税负债		
工程物资			其他非流动负债		
固定资产清理			非流动负债合计		
生产性生物资产			负债合计		
无形资产			所有者权益（或股东权益）：		
开发支出			实收资本（或股本）		
商誉			资本公积		
长期待摊费用			减：库存股		
递延所得税资产			盈余公积		

续表

资　产	年初数	年末数	负债和所有者权益	年初数	年末数
其他非流动资产			未分配利润		
非流动资产合计			所有者权益合计		
资产总计			负债和所有者权益总计		

实训2　练习利润表的编制

甲公司 2014 年 12 月有关损益类账户结转至本年利润前全年发生额如表 6-8 所示。

表 6-8　有关损益类账户结转至本年利润前全年发生额　　　　单位：元

账户名称	借方发生额	贷方发生额
主营业务收入	1 500	5 500 000
主营业务成本	3 070 000	400
营业税额及附加	800 000	400
其他业务收入	400	900 000
其他业务成本	450 000	500
公允价值变动损益	200	142 000
销售费用	555 500	500
管理费用	455 500	500
财务费用	50 000	500
资产减值损失	360 000	300
投资收益		1 500 000
营业外收入		300 000
营业外支出	65 000	
所得税费用		

说明：营业外支出中，非流动资产处置损失为 45 000 元。

要求：将根据以上资料编制利润表，如表 6-9 所示。

表 6-9　利润表

单位：_____　　　　　年　月　　　　　单位：元

项　目	上 年 数	本 年 数
一、营业收入		
减：营业成本	略	
营业税额及附加		

续表

项　　目	上　年　数	本　年　数
销售费用		
管理费用		
财务费用		
资产减值损失		
加：公允价值变动收益（损失以"-"号填列）		
投资收益（损失以"-"号填列）		
二、营业利润		
加：营业外收入		
减：营业外支出		
其中：非流动资产处置损失		
三、利润总额（亏损总额以"-"号填列）		
减：所得税费用		
四、净利润（净损失以"-"号填列）		
五、每股收益		
（一）基本每股收益		
（二）稀释每股收益		

项目七　纳税申报表填制实训

7.1　知识准备　"增值税纳税申报表（适用于一般纳税人）"填表说明

本申报表适用于增值税一般纳税人填报。增值税一般纳税人销售按简易办法缴纳增值税的货物，也使用本表。

1. 本表"税款所属时间"是指纳税人申报的增值税应纳税额的所属时间，应填写具体的起止年、月、日。

2. 本表"填表日期"指纳税人填写本表的具体日期。

3. 本表"纳税人识别号"栏，填写税务机关为纳税人确定的识别号，即税务登记证号码。

4. 本表"所属行业"栏，按照国民经济行业分类与代码中的最细项（小类）进行填写。

5. 本表"纳税人名称"栏，填写纳税人单位名称全称，不得填写简称。

6. 本表"法定代表人姓名"栏，填写纳税人法定代表人的姓名。

7. 本表"注册地址"栏，填写纳税人税务登记证所注明的详细地址。

8. 本表"营业地址"栏，填写纳税人营业地的详细地址。

9. 本表"开户银行及账号"栏，填写纳税人开户银行的名称和纳税人在该银行的结算账户号码。

10. 本表"企业登记注册类型"栏，按税务登记证填写。

11. 本表"电话号码"栏，填写纳税人注册地和经营地的电话号码。

12. 表中"一般货物及劳务"是指享受即征即退的货物及劳务以外的其他货物及劳务。

13. 表中"即征即退货物及劳务"是指纳税人按照税法规定享受即征即退税收优惠政策的货物及劳务。

14. 本表第1项"（一）按适用税率征税货物及劳务销售额"栏数据，填写纳税人本期按适用税率缴纳增值税的应税货物和应税劳务的销售额（销货退回的销售额用负数表示）。包括在财务上不作销售但按税法规定应缴纳增值税的视同销售货物和价外费用销售额，外贸企业作价销售进料加工复出口的货物，税务、财政、审计部门检查按适用税率计算调整的销售额。"一般货物及劳务"的"本月数"栏数据与"即征即退货物及劳务"的"本月数"栏数据之和，应等于《附表一》第7栏的"小计"中的"销售额"数。"本年累计"栏数据，应为年度内各月数之和。

15. 本表第 2 项"应税货物销售额"栏数据，填写纳税人本期按适用税率缴纳增值税的应税货物的销售额（销货退回的销售额用负数表示）。包括在财务上不作销售但按税法规定应缴纳增值税的视同销售货物和价外费用销售额，以及外贸企业作价销售进料加工复出口的货物。"一般货物及劳务"的"本月数"栏数据与"即征即退货物及劳务"的"本月数"栏数据之和，应等于《附表一》第 5 栏的"应税货物"中 17%税率"销售额"与 13%税率"销售额"的合计数。"本年累计"栏数据，应为年度内各月数之和。

16. 本表第 3 项"应税劳务销售额"栏数据，填写纳税人本期按适用税率缴纳增值税的应税劳务的销售额。"一般货物及劳务"的"本月数"栏数据与"即征即退货物及劳务"的"本月数"栏数据之和，应等于《附表一》第 5 栏的"应税劳务"中的"销售额"数。"本年累计"栏数据，应为年度内各月数之和。

17. 本表第 4 项"纳税检查调整的销售额"栏数据，填写纳税人本期因税务、财政、审计部门检查并按适用税率计算调整的应税货物和应税劳务的销售额。但享受即征即退税收优惠政策的货物及劳务经税务稽查发现偷税的，不得填入"即征即退货物及劳务"部分，而应将本部分销售额在"一般货物及劳务"栏中反映。"一般货物及劳务"的"本月数"栏数据与"即征即退货物及劳务"的"本月数"栏数据之和，应等于《附表一》第 6 栏的"小计"中的"销售额"数。"本年累计"栏数据，应为年度内各月数之和。

18. 本表第 5 项"按简易征收办法征税货物的销售额"栏数据，填写纳税人本期按简易征收办法征收增值税货物的销售额（销货退回的销售额用负数表示）。包括税务、财政、审计部门检查并按简易征收办法计算调整的销售额。"一般货物及劳务"的"本月数"栏数据与"即征即退货物及劳务"的"本月数"栏数据之和，应等于《附表一》第 14 栏的"小计"中的"销售额"数。"本年累计"栏数据，应为年度内各月数之和。

19. 本表第 6 项"其中：纳税检查调整的销售额"栏数据，填写纳税人本期因税务、财政、审计部门检查并按简易征收办法计算调整的销售额，但享受即征即退税收优惠政策的货物及劳务经税务稽查发现偷税的，不得填入"即征即退货物及劳务"部分，而应将本部分销售额在"一般货物及劳务"栏中反映。"一般货物及劳务"的"本月数"栏数据与"即征即退货物及劳务"的"本月数"栏数据之和，应等于《附表一》第 13 栏的"小计"中的"销售额"数。"本年累计"栏数据，应为年度内各月数之和。

20. 本表第 7 项"免、抵、退办法出口货物销售额"栏数据，填写纳税人本期执行免、抵、退办法出口货物的销售额（销货退回的销售额用负数表示）。"本年累计"栏数据，应为年度内各月数之和。

21. 本表第 8 项"免税货物及劳务销售额"栏数据，填写纳税人本期按照税法规定直接免征增值税的货物及劳务的销售额及适用零税率的货物及劳务的销售额（销货退回的销售额用负数表示），但不包括适用免、抵、退办法出口货物的销售额。"一般货物及劳务"的"本月数"栏数据，应等于《附表一》第 18 栏的"小计"中的"销售额"数。"本年累计"栏数据，应为年度内各月数之和。

22. 本表第 9 项"免税货物销售额"栏数据，填写纳税人本期按照税法规定直接免征增值税货物的销售额及适用零税率货物的销售额（销货退回的销售额用负数表示），但不包括适用免、抵、退办法出口货物的销售额。"一般货物及劳务"的"本月数"栏数据，应等于《附表一》第 18 栏的"免税货物"中的"销售额"数。"本年累计"栏数据，应为年度内各月数之和。

23. 本表第 10 项"免税劳务销售额"栏数据，填写纳税人本期按照税法规定直接免征增值税劳务的销售额及适用零税率劳务的销售额（销货退回的销售额用负数表示）。"一般货物及劳务"的"本月数"栏数据，应等于《附表一》第 18 栏的"免税劳务"中的"销售额"数。"本年累计"栏数据，应为年度内各月数之和。

24. 本表第 11 项"销项税额"栏数据，填写纳税人本期按适用税率计征的销项税额。该数据应与"应交税额——应交增值税"明细科目贷方"销项税额"专栏本期发生数一致。"一般货物及劳务"的"本月数"栏数据与"即征即退货物及劳务"的"本月数"栏数据之和，应等于《附表一》第 7 栏的"小计"中的"销项税额"数。"本年累计"栏数据，应为年度内各月数之和。

25. 本表第 12 项"进项税额"栏数据，填写纳税人本期申报抵扣的进项税额。该数据应与"应交税额——应交增值税"明细科目借方"进项税额"专栏本期发生数一致。"一般货物及劳务"的"本月数"栏数据与"即征即退货物及劳务"的"本月数"栏数据之和，应等于《附表二》第 12 栏中的"税额"数。"本年累计"栏数据，应为年度内各月数之和。

26. 本表第 13 项"上期留抵税额"栏数据，为纳税人前一申报期的"期末留抵税额"数，该数据应与"应交税额——应交增值税"明细科目借方月初余额一致。

27. 本表第 14 项"进项税额转出"栏数据，填写纳税人已经抵扣但按税法规定应作进项税转出的进项税额总数，但不包括销售折扣、折让，销货退回等应负数冲减当期进项税额的数额。该数据应与"应交税额——应交增值税"明细科目贷方"进项税额转出"专栏本期发生数一致。"一般货物及劳务"的"本月数"栏数据与"即征即退货物及劳务"的"本月数"栏数据之和，应等于《附表二》第 13 栏中的"税额"数。"本年累计"栏数据，应为年度内各月数之和。

28. 本表第 15 项"免、抵、退货物应退税额"栏数据，填写退税机关按照出口货物免、抵、退办法审批的应退税额。"本年累计"栏数据，应为年度内各月数之和。

29. 本表第 16 项"按适用税率计算的纳税检查应补缴税额"栏数据，填写税务、财政、审计部门检查按适用税率计算的纳税检查应补缴税额。"本年累计"栏数据，应为年度内各月数之和。

30. 本表第 17 项"应抵扣税额合计"栏数据，填写纳税人本期应抵扣进项税额的合计数。

31. 本表第 18 项"实际抵扣税额"栏数据，填写纳税人本期实际抵扣的进项税额。"本年累计"栏数据，应为年度内各月数之和。

32. 本表第 19 项"按适用税率计算的应纳税额"栏数据，填写纳税人本期按适用税率计算并应缴纳的增值税额。"本年累计"栏数据，应为年度内各月数之和。

33. 本表第 20 项"期末留抵税额"栏数据，为纳税人在本期销项税额中尚未抵扣完，留待下期继续抵扣的进项税额。该数据应与"应交税额——应交增值税"明细科目借方月末余额一致。

34. 本表第 21 项"按简易征收办法计算的应纳税额"栏数据，填写纳税人本期按简易征收办法计算并应缴纳的增值税额，但不包括按简易征收办法计算的纳税检查应补缴税额。"一般货物及劳务"的"本月数"栏数据与"即征即退货物及劳务"的"本月数" 栏数据之和，应等于《附表一》第 12 栏的"小计"中的"应纳税额"数。"本年累计"栏数据，应为年度内各月数之和。

35. 本表第 22 项"按简易征收办法计算的纳税检查应补缴税额"栏数据，填写纳税人本期因税务、财政、审计部门检查并按简易征收办法计算的纳税检查应补缴税额。"一般货物及劳务"的"本月数"栏数据与"即征即退货物及劳务"的"本月数"栏数据之和，应等于《附表一》第 13 栏的"小计"中的"应纳税额"数。"本年累计"栏数据，应为年度内各月数之和。

36. 本表第 23 项"应纳税额减征额"栏数据，填写纳税人本期按照税法规定减征的增值税应纳税额。"本年累计"栏数据，应为年度内各月数之和。

37. 本表第 24 项"应纳税额合计"栏数据，填写纳税人本期应缴增值税的合计数。"本年累计"栏数据，应为年度内各月数之和。

38. 本表第 25 项"期初未缴税额（多缴为负数）"栏数据，为纳税人前一申报期的"期末未缴税额（多缴为负数）"。

39. 本表第 26 项"实收出口开具专用缴款书退税额"栏数据，填写纳税人本期实际收到税务机关退回的，因开具《出口货物税收专用缴款书》而多缴的增值税款。该数据应根据"应交税额——未交增值税"明细科目贷方本期发生额中"收到税务机关退回的多缴增值税款"数据填列。"本年累计"栏数据，为年度内各月数之和。

40. 本表第 27 项"本期已缴税额"栏数据，是指纳税人本期实际缴纳的增值税额，但不包括本期入库的查补税款。"本年累计"栏数据，为年度内各月数之和。

41. 本表第 28 项"①分次预缴税额"栏数据，填写纳税人本期分次预缴的增值税额。

42. 本表第 29 项"②出口开具专用缴款书预缴税额"栏数据，填写纳税人本期销售出口货物而开具专用缴款书向主管税务机关预缴的增值税额。

43. 本表第 30 项"③本期缴纳上期应纳税额"栏数据，填写纳税人本期上缴上期应缴未缴的增值税款，包括缴纳上期按简易征收办法计提的应缴未缴的增值税额。"本年累计"栏数据，为年度内各月数之和。

44. 本表第 31 项"④本期缴纳欠缴税额"栏数据，填写纳税人本期实际缴纳的增值税欠税额，但不包括缴纳入库的查补增值税额。"本年累计"栏数据，为年度内各月数之和。

45. 本表第 32 项"期末未交税额（多缴为负数）"栏数据，为纳税人本期期末应缴未缴的增值税额，但不包括纳税检查应缴未缴的税额。"本年累计"栏与"本月数"栏数据相同。

46. 本表第 33 项"其中：欠缴税额（≥0）"栏数据，为纳税人按照税法规定已形成欠税的数额。

47. 本表第 34 项"本期应补（退）税额"栏数据，为纳税人本期应纳税额中应补缴或应退回的数额。

48. 本表第 35 项"即征即退实际退税额"栏数据，填写纳税人本期因符合增值税即征即退优惠政策规定，而实际收到的税务机关返还的增值税额。"本年累计"栏数据，为年度内各月数之和。

49. 本表第 36 项"期初未缴查补税额"栏数据，为纳税人前一申报期的"期末未缴查补税额"。该数据与本表第 25 项"期初未缴税额（多缴为负数）"栏数据之和，应与"应交税额——未交增值税"明细科目期初余额一致。"本年累计"栏数据应填写纳税人上年度末的"期末未缴查补税额"数。

50. 本表第 37 项"本期入库查补税额"栏数据，填写纳税人本期因税务、财政、审计部门检查而实际入库的增值税款，包括：① 按适用税率计算并实际缴纳的查补增值税款；② 按简易征收办法计算并实际缴纳的查补增值税款。"本年累计"栏数据，为年度内各月数之和。

51. 本表第 38 项"期末未缴查补税额"栏数据，为纳税人纳税检查本期期末应缴未缴的增值税额。该数据与本表第 32 项"期末未缴税额（多缴为负数）"栏数据之和，应与"应交税额——未交增值税"明细科目期初余额一致。"本年累计"栏与"本月数"栏数据相同。

7.2 实训案例 一般纳税人案例讲解（兼营应税货物及应税服务）

※例：某企业，增值税一般纳税人。从事计算机硬件的销售业务并提供技术咨询服务及计算机设备租赁服务（2013 年 8 月 1 日"营改增"之后，上述业务都是应缴纳增值税的业务范畴，因此属于混业销售）。2014 年 1 月发生如下业务。

1. 上期留抵税额

2013 年 12 月 31 日止，"一般货物及劳务"列第 20 栏"期末留抵税额"为零。

2. 销售情况

（1）业务一：取得技术咨询服务费，开具防伪税控《增值税专用发票》，销售额 50 000 元，税率 6%，销项税额 3 000 元。

（2）业务二：出租机械设备，开具《增值税专用发票》，销售额 30 000 元，税率 17%，销项税额 5 100 元。

（3）业务三：销售电脑一批，开具防伪税控《增值税专用发票》，销售额 40 000 元，税率 17%，销项税额 6 800 元。

（4）业务四：销售电脑配件一批，开具《增值税普通发票》，销售额 20 000 元，税率 17%，销项税额 3 400 元。

（5）业务五：销售软件产品，开具防伪税控《增值税专用发票》，销售额 12 000 元，税率 17%，销项税额 2 040 元。

3．进项税额的情况

（1）业务六：购进电脑一批，取得防伪税控《增值税专用发票》，金额 5 000 元，税率 17%，税额 850 元。

（2）业务七：接受纳税人提供的应税服务，取得《增值税专用发票》，金额 4 000 元，税率 6%，税额 240 元。

（3）业务八：取得纳税人开具的《货物运输业增值税专用发票》，金额 3 000 元，税率 11%，税额 330 元。

（4）业务九：取得纳税人开具的《公路、内河货物运输业统一发票》，金额 1 000 元。

（5）业务十：取得开发软件产品相关可抵扣进项税额 1 000 元。

注：假设该纳税人 1 月取得的所有需认证的发票均于当月认证且申报抵扣。

4．案例详解

（1）销售情况

① 业务一：取得技术咨询服务费，开具防伪税控《增值税专用发票》，销售额 50 000 元，销项税额 3 000 元。

此业务根据最新"营改增"内容规定，属于"营改增"现代服务业里的"研发和技术服务"内容，税率 6%，因此销项税额 3 000 元。属于应税服务范畴。

② 业务二：出租机械设备，开具《增值税专用发票》，销售额 30 000 元，销项税额 5 100 元。属于应税服务范畴。

此业务根据最新"营改增"内容规定，这是典型的有形动产租赁业务，税率 17%。"营改增"之前这是典型的缴纳"营业税"的业务，现在要格外注意，不要混淆。

③ 业务三：销售电脑一批，开具防伪税控《增值税专用发票》，销售额 40 000 元，销项税额 6 800 元。属于销售一般货物范畴。

④ 业务四：销售电脑配件一批，开具《增值税普通发票》，销售额 20 000 元，销项税额 3 400 元。属于销售一般货物范畴。

⑤ 业务五：销售软件产品，开具防伪税控《增值税专用发票》，销售额 12 000 元，销项税额 2 040 元。

根据规定，如果销售自行开发的软件产品，享受增值税"即征即退"政策，即所缴增值税超过销售额 3%部分，按规定享受增值税"即征即退"。但是，如果只是单纯的销售软件，则不享受增值税"即征即退"政策。

针对以上分析，对于销售情况可作如下计算：

应税劳务销售额=业务一销售额+业务二销售额=50 000+30 000=80 000（元）

应税劳务销项税额=业务一销项税额+业务二销项税额=3 000+5 100=8 100（元）

一般货物销售额=业务三销售额+业务四销售额=40 000+20 000=60 000（元）

一般货物销项税额=业务三销项税额+业务肆业销项税额=6 800+3 400=10 200（元）

即征即退货物及劳务销售额=业务五销售额=12 000（元）

即征即退货物及劳务销项税额=业务五销项税额=2 040（元）

（2）进项税额的情况

① 业务六：购进电脑一批，取得防伪税控《增值税专用发票》，金额 5 000 元，税额 850 元。这是典型的购进进项税额抵扣事项。

② 业务七：接受纳税人提供的应税服务，取得《增值税专用发票》，金额 4 000 元，税率 6%，税额 240 元。

这也是"营改增"内容，纳税人提供的应税服务，税率为 6%，因此进项税额为 18 元。

③ 业务八：纳税人开具的《货物运输业增值税专用发票》，金额 3 000 元，税率 11%，因此进项税额为 330 元。

这也是"营改增"内容，取得纳税人开具的《货物运输业增值税专用发票》，即交通运输业税率为 11%。因此进项税额为 220 元。

④ 业务九：取得纳税人开具的《公路、内河货物运输业统一发票》，金额 1 000 元。

2013 年 8 月 1 日后，随着"营改增"内容在全国范围的开展，对于运费不再执行按运费 7%计算可抵扣进项税额，而是以《货物运输业增值税专用发票》注明的按照交通运输业税率为 11%计算的进项税额为依据。因此本题没有可抵扣进项税额。

⑤ 业务十：取得开发软件产品相关可抵扣进项税额 1 000 元。本题要作为销售软件产品销项税额的可抵扣进项税额。

针对以上分析，对于进项税额可作如下计算：

⑥ 本期认证相符且本期申报抵扣的增值税专用发票金额=业务六金额+业务七金额+业务八金额=5 000+4 000+3 000=12 000（元）

⑦ 本期认证相符且本期申报抵扣的增值税专用发票税额=业务六税额+业务七税额+业务八税额=850+240+330=1 420（元）

⑧ 本期认证相符且本期申报开发软件产品可抵扣进项税额=业务十税额 1 000（元）

提示：

★申报表第 35 行中即征即退实际退税额中软件产品的退税额计算，按照《财政部 国家税务总局关于软件产品增值税政策的通知》财税〔2011〕100 号规定："增值税一般纳税人销售其自行开发生产的软件产品，按 17%税率征收增值税后，对其增值税实际税负超过

3%的部分实行即征即退政策。"计算公式如下：

即征即退税额=当期软件产品增值税应纳税额－当期软件产品销售额×3%
=（2 040-1 000）-12 000×3%=1 040-360=680（元）。

根据以上分析，即可添置增值税纳税申报表，如表7-1所示。

表7-1 增值税纳税申报表

增 值 税 纳 税 申 报 表（适用于增值税一般纳税人）

税款所属时间：自 2014 年 01 月 01 日至 2014 年 01 月 31 日　　　　　填表日期：2014 年 2 月 1 日

金额单位：元至角分

纳税人识别号					所属行业：	
纳税人名称	（公章）	法定代表人姓名		注册地址	营业地址	
开户银行及账号		企业登记注册类型			电话号码	
项　　目		栏　次	一般货物及劳务和应税服务		即征即退货物及劳务和应税服务	
			本月数	本年累计	本月数	本年累计
销售额	（一）按适用税率征税销售额	1	140 000.00	140 000.00	12 000.00	12 000.00
	其中：应税货物销售额	2	60 000.00	60 000.00	—	—
	应税劳务销售额	3	80 000.00	80 000.00	—	—
	纳税检查调整的销售额	4			—	—
	（二）按简易征收办法征税销售额	5				
	其中：纳税检查调整的销售额	6	—	—	—	—
	（三）免、抵、退办法出口销售额	7			—	—
	（四）免税销售额	8			—	—
	其中：免税货物销售额	9			—	—
	免税劳务销售额	10	—	—	—	—
税款计	销项税额	11	18 300.00	18 300.00	2 040.00	
	进项税额	12	1 420.00	1 420.00	1 000.00	
	上期留抵税额	13	0		0	—
	进项税额转出	14	0		0	
	免、抵、退应退税额	15	0		—	—
	按适用税率计算的纳税检查应补缴税额	16	0			
	应抵扣税额合计	17=12+13-14-15+16	1 420.00	1 420.00	1 000.00	—
	实际抵扣税额	18（如 17<11，则为 17，否则为 11）	1 420.00	1 420.00	1 000.00	—

续表

项　目	栏　次	一般货物及劳务和应税服务		即征即退货物及劳务和应税服务	
		本月数	本年累计	本月数	本年累计
应纳税额	19=11−18	16 880.00	16 880.00	1 040.00	
期末留抵税额	20=17−18	0		0	—
简易征收办法计算的应纳税额	21	0		0	
按简易征收办法计算的纳税检查应补缴税额	22	—		—	—
应纳税额减征额	23	0		0	
应纳税额合计	24=19+21−23	16 880.00	16 880.00	1 040.00	
期初未缴税额（多缴为负数）	25	—	—	—	—
实收出口开具专用缴款书退税额	26	—	—	—	—
本期已缴税额	27=28+29+30+31	—	—	—	—
①分次预缴税额	28	0		0	
②出口开具专用缴款书预缴税额	29	—	—	—	—
③本期缴纳上期应纳税额	30	—	—	—	—
④本期缴纳欠缴税额	31	—	—	—	—
期末未缴税额（多缴为负数）	32=24+25+26−27	—	—	—	—
其中：欠缴税额（≥0）	33=25+26−27	—	—	—	—
本期应补（退）税额	34=24−28−29	16 880.00	—	1 040.00	—
即征即退实际退税额	35	—		680.00	
期初未缴查补税额	36			—	—
本期入库查补税额	37			—	—
期末未缴查补税额	38=16+22+36−37			—	—

（左侧竖排：税款缴纳）

7.3　本章实训

实训名称：练习纳税申报表的填制

实训资料：河北华月胶带制造有限公司 2014 年 6 月"应交增值税明细账"记录如表 7-2 所示；根据其编制该公司 2014 年 6 月增值税纳税申报表中的"本月数"（见表 7-3），假定该公司 2014 年 6 月的增值税纳税申报表于 7 月 10 日申报。

注：假设该纳税人 6 月取得的所有需认证的发票均于当月认证且申报抵扣。

表 7-2　应交增值税明细账

应交税费（应交增值税）

金额单位：元至角分

| 2014年 | | 凭证 | | 摘　要 | 借　方 | | | 贷　方 | | | | 借或贷 | 余　额 |
月	日	字	号		合　计	进项税额	已交税金	合　计	销项税额	进项税额转出	出口退税		
				承前页	15 840.00	15 840.00		11 900.00	11 900.00			借	3 940.00
5	24	记	56	销售混合机				3 510.0	3 510.00			借	430.00
				本月合计	15 840.00	15 840.00		15 410.00	15 410.00			借	430.00
6	4	记	9	购入钢板	34 000.00	34 000.00						借	34 430.00
6	9		24	销售混合机				18 700.00	18 700.00			借	15 730.00
6	18		39	购入焊条	850.00	850.00						借	16 580.00
6	24		48	销售锤片粉碎机				17 000.00	17 000.00			贷	420.00
6	30			本月合计	34 850.00	34 850.00		35 700.00	35 700.00			贷	420.00

表 7-3　增值税纳税申报表（适用于增值税一般纳税人）

根据《中华人民共和国增值税暂行条例》第二十二条和第二十三条的规定制定本表。纳税人不论有无销售额，均应按主管税务机关核定的纳税期限按期填报本表，并于次月一日起十五日内，向当地税务机关申报。

税款所属时间：自　　年　月　日至　　年　月　日　填表日期：　　年　月　日　金额单位：元至角分

纳税人识别号												所属行业：			
纳税人名称				（公章）		法定代表人姓名			注册地址		略	营业地址		略	
开户银行及账号						企业登记注册类型			略			电话号码			
	项　目					栏次			一般货物及劳务				即征即退货物及劳务		
									本月数		本年累计		本月数		本年累计
销售额	（一）按适用税率征税货物及劳务销售额					1									
	其中：应税货物销售额					2									
	应税劳务销售额					3									
	纳税检查调整的销售额					4									
	（二）按简易征收办法征税货物销售额					5									
	其中：纳税检查调整的销售额					6									
	（三）免、抵、退办法出口货物销售额					7									
	（四）免税货物及劳务销售额					8									

项　目		栏　次	一般货物及劳务		即征即退货物及劳务	
			本月数	本年累计	本月数	本年累计
	其中：免税货物销售额	9				
	免税劳务销售额	10				
税款计算	销项税额	11				
	进项税额	12				
	上期留抵税额	13				
	进项税额转出	14				
	免抵退货物应退税额	15				
	按适用税率计算的纳税检查应补缴税额	16				
	应抵扣税额合计	17=12+13-14-15+16				
	实际抵扣税额	18（如 17<11，则为 17，否则为 11）				
	应纳税额	19=11-18				
	期末留抵税额	20=17-18				
	简易征收办法计算的应纳税额	21				
	按简易征收办法计算的纳税检查应补缴税额	22				
	应纳税额减征额	23				
	应纳税额合计	24=19+21-23				
税款缴纳	期初未缴税额（多缴为负数）	25				
	实收出口开具专用缴款书退税额	26				
	本期已缴税额	27=28+29+30+31				
	①分次预缴税额	28				
	②出口开具专用缴款书预缴税额	29				
	③本期缴纳上期应纳税额	30				
	④本期缴纳欠缴税额	31				
	期末未缴税额（多缴为负数）	32=24+25+26-27				
	其中：欠缴税额（≥0）	33=25+26-27				
	本期应补（退）税额	34=24-28-29				
	即征即退实际退税额	35				
	期初未缴查补税额	36				
	本期入库查补税额	37				
	期末未缴查补税额	38=16+22+36-37				

| 授权声明 | 如果你已委托代理人申报，请填写下列资料：
为代理一切税务事宜，现授权（地址）
为本纳税人的代理申报人，任何与本申报表有关的往来文件，都可寄予此人。
　　　　　　　　　　　　授权人签字： | 申报人声明 | 此纳税申报表是根据《中华人民共和国增值税暂行条例》的规定填报的，我相信它是真实的、可靠的、完整的。 |

第二部分

综合模拟实训

项目八 综合实训

1. 综合实训目的

本实训采用科目汇总表账务处理程序，通过对一个特定企业会计模拟业务的操作，使学生对基础会计实务中的各种原始凭证及通用记账凭证的填制和审核、账簿的登记、对账和结账以及会计报表的编制等一系列会计实务工作，有一个系统的、全面的实践，使学生具备一定的会计实务操作能力，为今后学习财务会计等课程打下良好的实践基础。

2. 综合实训要求

（1）实训资料及用品（见表 8-1）

表 8-1 实训资料及用品

资料名称	用　量	备　注
通用记账凭证	55 张	每位学生需独立完成"凭证—账簿—报表"的全过程操作。用量按每人计算
现金、银行存款日记账	各 1 页	
三栏式明细账	15 页	
多栏式明细账	6 页	
生产成本专栏式明细账	1 页	
制造费用专栏式明细账	2 页	
应交增值税专栏式明细账	2 页	
数量金额式明细账	5 页	
横线登记式明细账	2 页	
三栏式总分类账	15 页	
科目汇总表	4 页	
资产负债表、利润表	各 1 张	

此外，本实训还需备有装订会计凭证的封面、封底、会计科目章、印台、印油、线绳、胶水、钢笔、大头针等会计手工用品。

（2）课时安排：一周（28 课时）（见表 8-2）

表 8-2 课时安排

实习内容	课 时	备 注
实习准备工作	1	讲解实习要求
期初建账	2	
会计凭证的填制与审核	10	
科目汇总表的编制	3	
会计账簿的登记	6	
会计报表的编制	3	
资料的整理与装订	1	
实习总结与考核	2	集中测试、成绩评定
合计	28	

（3）实训基本要求

① 熟悉会计基础工作规范及有关法律、法规、制度的要求，按规定处理日常经济业务。

② 掌握原始凭证和记账凭证的填制和审核方法、账簿的登记方法、对账和结账方法。

③ 掌握科目汇总表的编制方法，每月 15 日将通用记账凭证汇总编制科目汇总表，熟练运用科目汇总表账务处理程序。

（4）掌握资产负债表、利润表的编制方法

说明：编制会计报表应根据年初数、本年发生额（借方、贷方）、期末数共同编制。但由于本资料给定的是 11 月末的数字，而无年初数字，而且各账户均无本年度借贷方发生额数，这样会给编表者造成一定的困难。因此，在需要年初数时，假定 11 月末数字是年初数，同时假定 12 月发生的业务是全年发生的业务。

（5）建账要求

企业在新的会计年度开始时必须建立新账，即在年度末结束旧账的同时建立新账。

新账是依据上年末总账及各明细账余额建立的。即将上一年度余额按相同方向转到新账的第一行余额栏内，日期填写 1 月 1 日，同时在摘要栏内盖"上年结转"戳记。但在本实训的数据中，由于沿用的是 2014 年度 11 月末的数据，所以其日期应填写 2014 年 12 月 1 日，同时在摘要栏内应填写"上月结转"字样。

（6）建账的程序

① 填写日记账、总账扉页上的有关内容。包括单位全称、账簿名称、账簿页数、启用日期、单位领导人、各会计主管人员签章、经管人员职务与姓名、经管或接管日期并签章、财务专用章等。

② 将各账户的标志粘贴在有关账簿账页中。

③ 根据 11 月末各账户余额登记日记账、明细账、总账中各账户的期初余额。

④ 登账后将各账户的有关余额核对相符。

⑤ 根据 1～11 月累计发生额登记有关损益类账户的发生额。

（7）建账的核对

建账后应按建账程序对所建账是否正确进行核对，主要核对的内容有以下几点：

① 总账中资产类账户余额之和应等于负债类加所有者权益类账户余额之和。

② 总账中各账户余额应等于明细账中其所属明细账户余额之和。

③ 总账中资产类账户余额之和应等于日记账各账户余额之和加明细账中资产类明细账户余额之和。

④ 总账户负债类加所有者权益类账户之和应等于明细账各负债类加所有者权益账户余额之和。

3. 实训步骤和内容

采用科目汇总表账务处理程序实训。以华月胶带制造有限责任公司 2014 年 12 月的经济业务为模拟核算对象，进行从建账到日常会计核算，从制造企业生产准备到产品生产、产品销售至利润形成和分配等主要经济活动的会计核算方法，从原始凭证、记账凭证的填制和审核到账簿的登记、成本计算、财产清查、对账、结账及会计报表编制等会计核算程序的综合模拟实训。具体程序和步骤如下：

（1）实训准备工作

熟悉实训要求及实习单位的基本情况，准备实训所需的凭证、账簿和报表等。

（2）期初建账

根据提供的实习单位 12 月初的账户余额，开设相关的总分类账、明细账及日记账。

（3）填制和审核原始凭证

根据提供的实习单位 12 月的经济业务，填制和审核各项原始凭证。

（4）填制和审核记账凭证

综合实训采用通用记账凭证，根据审核无误的原始凭证或原始凭证汇总表，对实习单位 12 月发生的经济业务编制记账凭证，并进行审核。

（5）登记账簿

根据原始凭证或原始凭证汇总表、记账凭证，登记日记账和明细分类账，根据科目汇总表登记总分类账。

（6）对账和结账

在当月经济业务全部处理完毕、登记入账的基础上，将总分类账与所属的明细分类账、总分类账与日记账进行核对无误，并结账。

（7）编制会计报表

根据正确无误的账簿记录编制资产负债表和利润表。

（8）资料装订与归档

实训结束，学生将记账凭证、日记账、总分类账、明细分类账、会计报表等规范地装订成册，由指导老师评定成绩后归档保管。

实训资料

1．初始数据

（1）公司概况

公司名称：华月胶带有限责任公司；法人代表：苏锦达。

公司地址：河北省保定市桥东区维一路126号；邮编：075000。

开户银行：中国工商银行保定市分行桥东支行；账号：112233445566。

税务登记号：2009457863215674。

（2）初始数据

有关账户期初余额如下：

① 华月胶带有限责任公司为增值税一般纳税人。2014年12月1日有关科目的余额如表8-3至表8-5所示。

表8-3 总账账户期初余额　　　　　　　　　　　　　单位：元

科目名称	借方余额	科目名称	贷方余额
库存现金	2 759 500	短期借款	390 000
银行存款	1 290 500	应付票据	160 000
其他货币资金	143 500	应付账款	873 800
交易性金融资产	15 800	其他应付款	65 000
应收票据	250 000	应付职工薪酬	121 050
应收账款	406 000	应交税费	31 600
坏账准备	-900	应付利息	9 000
预付账款	10 000	长期借款	1 150 000
其他应收款	6 000	实收资本	5 550 000
材料采购	226 000	盈余公积	100 000
原材料	754 000	利润分配	105 000
周转材料	186 600	本年利润	2 757 000
库存商品	1 388 500		
材料成本差异	46 950		
长期股权投资	305 000		
固定资产	1 605 000		

续表

科目名称	借方余额	科目名称	贷方余额
累计折旧	-400 000		
在建工程	1 550 000		
无形资产	655 000		
长期待摊费用	115 000		
合计	11 312 450	合计	11 312 450

表 8-4 明细账户期初余额表（部分）

账户名称			借方余额（元）	贷方余额（元）	数量	
总账	明细账				单位	数量
其他货币资金	存出投资款		70 000			
	汇票存款		73 500			
交易性金融资产	三源股份	成本	4 300		股	1 000
		公允价值变动	1 200			
	天马股份	成本	10 600		股	1 000
		公允价值变动		300		
应收账款	博通有限责任公司		386 000			
	通达有限责任公司		4 500			
	凯旋有限责任公司		15 500			
预付账款	山东大德钛厂		10 000			
原材料	钢材		350 000		吨	100
	钛		350 000		吨	20
	塑件		54 000		件	540
库存商品	普通机床		450 000		台	30
	精密机床		900 000		台	500
	数控机床		38 500		台	25
在建工程	T 机床		332 800			
	厂房		1 217 200			
应付账款	三达机械制造有限公司			373 800		
	宏实有限责任公司			200 000		
	诚信贸易公司			300 000		
其他应付款	职工教育经费			18 000		
	其他			47 000		

续表

账户名称			借方余额	贷方余额	数量	
总　账	明细账		（元）	（元）	单位	数量
应付职工薪酬	应付工资			121 050		
	应付职工福利					
应交税费	应交营业税			1 600		
	应交增值税	进项税额				
		销项税额				
	应交所得税			30 000		
利润分配	未分配利润（年初）			105 000		

表 8-5　1~11 月损益类账户累计发生额

单位：元

科目名称	借方发生额	贷方发生额
主营业务收入		13 500 000
主营业务成本	9 100 000	
营业税额及附加	30 000	
销售费用	240 000	
管理费用	874 000	
财务费用	265 000	
其他业务收入		132 600
其他业务支出	89 000	
投资收益		42 200
营业外收入		40 000
营业外支出	29 800	
所得税费用	330 000	

2．核算方法

（1）应收账款采用总价法。

（2）其他采用实际成本核算。

（3）收入采用先进先出法确认，商品发出后即结转成本。

（4）损益结转采用账结法。

3．原始凭证

华月胶带有限责任公司 2014 年 12 月发生业务如下。

业务1（见表 8-6 和表 8-7）

表 8-6　中国工商银行借款凭证（回单）

中国工商银行 借款凭证（回单）

单位编号：　　　　　　　日期：2014 年 12 月 1 日　　　　　　　银行编号：0110

借款人	名　称	华月胶带有限责任公司	收款人	名　称	华月胶带有限责任公司
	账　号	112233445566		往来账号	145685088096002
	开户银行	工行保定市桥东支行		开户银行	工行保定市桥东支行

借款期限（最后还款日）	2015 年 3 月 31 日	借款计划指标	

		千	百	十	万	百	十	元	角	分
借款申请金额	人民币（大写）：叁拾万元整		¥	3	0	0	0	0	0	0

			千	百	十	万	百	十	元	角	分
借款原因及用途	生产经营周转用	银行核对金额		¥	3	0	0	0	0	0	0

期限	计划还款日期	√	计划还款金额		期次	还款日期	还款金额	结欠
1	2014 年 12 月 31 日		1 200	分次还款记录				
2	2015 年 1 月 31 日		1 200					
3	2015 年 2 月 28 日		1 200					
4	2015 年 3 月 31 日		201 200					

备注：月利率 6‰，期限 4 个月

上述借款业已同意贷给并转入你单位往来账内借款到期时应按期归还

此致

（银行盖章）　　借款单位　2014 年 12 月 1 日

表8-7 中国工商银行进账单（收账通知）

中国工商银行 进账单（收账通知）

2014 年 12 月 1 日　　　　　　第 43 号

<table>
<tr><td rowspan="3">收款人</td><td>全　　称</td><td>华月胶带有限公司</td><td rowspan="3">付款人</td><td>全　　称</td><td colspan="10">保定市工商银行桥东支行</td></tr>
<tr><td>账　号</td><td>112233445566</td><td>账　号</td><td colspan="10">68468123405</td></tr>
<tr><td>开户银行</td><td>保定市工行桥东支行</td><td>开户银行</td><td colspan="10">保定市工行营业部</td></tr>
<tr><td colspan="2">人民币
（大写）</td><td colspan="2">叁拾万元整</td><td>千</td><td>百</td><td>十</td><td>万</td><td>千</td><td>百</td><td>十</td><td>元</td><td>角</td><td>分</td></tr>
<tr><td colspan="2"></td><td colspan="2"></td><td>¥</td><td>3</td><td>0</td><td>0</td><td>0</td><td>0</td><td>0</td><td>0</td><td>0</td><td>0</td></tr>
<tr><td colspan="2">票据种类</td><td colspan="2">借款凭证</td><td colspan="10" rowspan="4">保定市工行桥东支行
收款人开户行盖章　2014.12.01
收讫</td></tr>
<tr><td colspan="2">票据张数</td><td colspan="2">1 张</td></tr>
<tr><td colspan="4" rowspan="2">单位主管：　会计：
复　核：　记账：</td></tr>
<tr></tr>
</table>

此联是持票人开户行给持票人的收账通知

业务 2（见表8-8和表8-9）

表8-8 中国工商银行贷款申请单

中国工商银行 贷款申请书（第四联）

贷款日期：2014 年 12 月 1 日　　　　　字 456485 号

<table>
<tr><td>贷款单位全称</td><td>华月胶带有限责任公司</td><td>贷款户账号</td><td>112233445566</td><td>存款户账号</td><td colspan="11">112233445566</td></tr>
<tr><td>贷款金额
（大写）</td><td>捌佰万元整</td><td></td><td></td><td>亿</td><td>千</td><td>百</td><td>十</td><td>万</td><td>千</td><td>百</td><td>十</td><td>元</td><td>角</td><td>分</td></tr>
<tr><td></td><td></td><td></td><td></td><td></td><td>¥</td><td>8</td><td>0</td><td>0</td><td>0</td><td>0</td><td>0</td><td>0</td><td>0</td><td>0</td></tr>
<tr><td>贷款种类</td><td>购建设备</td><td colspan="13">年利率　　%　约定还款日期：2016 年 12 月 1 日</td></tr>
<tr><td colspan="2">上列借款已核准发放并转入指定账记户
致
（银行签章）</td><td colspan="13">备注</td></tr>
</table>

（盖章：工商银行保定市桥东支行 财务专用章）

表 8-9　中国工商银行进账单（收账通知）

中国工商银行 进 账 单（收账通知）

2014 年 12 月 1 日　　　　　　　　　　第 49 号

收款人	全　称	华月胶带制造公司	付款人	全　称	保定市工商银行桥东支行
	账　号	112233445566		账　号	68468123405
	开户银行	保定市工行桥东支行		开户银行	保定市工行营业部

人民币（大写）	捌佰万元整	千	百	十	万	千	百	十	元	角	分
		¥	8	0	0	0	0	0	0	0	0

票据种类	借款凭证	
票据张数	1 张	收款人开户行盖章 保定市工行桥东支行 2014.12.01 收讫

单位主管：　会计：
复　核：　记账：

此联是持票人开户行给持票人的收账通知

业务 3（见表 8-10 和表 8-11）

表 8-10　门面房出租协议

门面房出租协议

第一条　本合同的各方为：

甲方：保定市华月胶带有限公司（以下简称甲方）。法定地址：中国河北省保定市桥东区维一路 126 号。法人代表：苏锦达。

乙方：信达五金电器商行（以下简称乙方）。法定地址：中国河北省保定市桥西区和平路 53 号。法人代表：刘立群。

第二条　甲方将拥有的门面房 200 平方米出租给乙方。租期 3 年，到期后乙方有优先租赁权。

第三条　租金每月 5 000 元，每月月底支付。

第四条　为保证乙方履行义务，甲方在合同签定日收取乙方押金 30 000 元，合同期满后归还乙方。

……

第八条　协议自签订之日起生效。

甲方（公章）：华月胶带有限责任公司　　　乙方：信达五金电器商行
甲方代表（签字）：苏锦达　公章　　　　　乙方代表（签字）：刘立群　公章
2014 年 12 月 1 日　　　　　　　　　　2014 年 12 月 1 日

表 8-11　中国工商银行进账单（收账通知）

中国工商银行 进 账 单（收账通知）

2014 年 12 月 1 日　　　　　　　　　　　第 123 号

收款人	全　称	华月胶带有限责任公司	付款人	全　称	信达五金电器商行
	账　号	112233445566		账　号	68468123405
	开户银行	保定市工行桥东支行		开户银行	保定市工行营业部

人民币（大写）	叁万元整	千	百	十	万	千	百	十	元	角	分
					¥	3	0	0	0	0	0	0

票据种类	转账支票 112
票据张数	1 张

收款人开户行盖章

保定市工行桥东支行
2014.12.0X

单位主管：　　会计：
复　核：　　　记账：

此联是持票人开户行给持票人的收账通知

业务 4（见表 8-12）

表 8-12　中国工商银行进账单（受理通知）

中国工商银行 进 账 单（受理通知）

2014 年 12 月 5 日　　　　　　　　　　　第 01324 号

收款人	全　称	华月胶带有限责任公司（投资专户）	付款人	全　称	华月胶带有限责任公司
	账　号	1455661247－3265		账　号	1112233445566
	开户银行	保定市工商银行证券部		开户银行	保定市工行桥东支行

人民币（大写）	捌拾万元整	千	百	十	万	千	百	十	元	角	分
			¥	8	0	0	0	0	0	0	0

票据种类	转账支票
票据张数	1 张

收款人开户行盖章

保定市工行桥东支行
2014.12.05
收讫

单位主管：　　会计：
复　核：　　　记账：

此联是持票人开户行给持票人的收账通知

注：向证券交易所划出资金。

业务 5（见表 8-13 至表 8-17）

表 8-13　山东省增值税专用发票（发票联）

山东省增值税专用发票　　No 130062140

开票日期：2014 年 12 月 02 日

购货单位	名　　　　称：	华月胶带有限责任公司					密码区		
	纳税人识别号：	2009457863215674							
	地址、电话：	保定市维一路 126 号							
	开户行及账号：	工行东支 112233445566							
货物或应税劳务名称	规格型号	单位	数量	单价	金额	税率	税额
钛		吨	2	18 000	36 000.00	17%	6 120.00
合　计			2		36 000.00		61 200.00
价税合计（大写）	⊗ 肆万贰仟壹佰贰拾元整			（小写）¥42 120.00			
销货单位	名　　　　称：	山东大德钛业有限公司			备注	
	纳税人识别号：	370102800317373				
	地址、电话：	山东德州				
	开户行及账号：	232901040000313				

收款人：　　　复核：　　　开票人：宏力　　　销货单位：（章）

表 8-14　山东省增值税专用发票（抵扣联）

山东省增值税专用发票　　No 130062140

开票日期：2014 年 12 月 02 日

购货单位	名　　　　称：	华月胶带有限责任公司					密码区		
	纳税人识别号：	2009457863215674							
	地址、电话：	保定市维一路 126 号							
	开户行及账号：	工行东支 112233445566							
货物或应税劳务名称	规格型号	单位	数量	单价	金额	税率	税额
钛		吨	2	18 000	36 000.00	17%	6 120.00
合　计			2		36 000.00		6 120.00
价税合计（大写）	⊗ 肆万贰仟壹佰贰拾元整			（小写）¥42120.00			
销货单位	名　　　　称：	山东大德钛业有限公司			备注	
	纳税人识别号：	370102800317373				
	地址、电话：	山东德州				
	开户行及账号：	232901040000313				

收款人：　　　复核：　　　开票人：宏力　　　销货单位：（章）

表 8-15　山东省运输费用增值税专用发票

山东省运输费用增值税专用发票

№130062140

开票日期：2014 年 12 月 02 日

接受单位	名　　称：	华月胶带有限责任公司				密码区			
	纳税人识别号：	2009457863215674							
	地址、电话：	保定市维一路 126 号							
	开户行及账号：	工行东支 112233445566							

货物或应税劳务名称	规格型号	单位	数量	单价	金额	税率	税额
运费					2 000.00	11%	220.00
合　计					2 000.00		220.00

价税合计（大写）	⊗ 贰仟贰佰贰拾元整	（小写）¥2 220.00

劳务单位	名　　称：	德州运输有限责任公司	备注
	纳税人识别号：	568745921317373	
	地址、电话：	山东德州	
	开户行及账号：	3246789214556	

德州运输有限责任公司 56874 5921317373 发票专用章

收款人：　　复核：　　开票人：宏力　　销货单位：（章）

表 8-16　中国工商银行托收承付结算凭证（支款凭证）

第 0224 号
托收号码：

中国工商银行 托收承付结算凭证（支款凭证）

委托日期：2014 年 12 月 2 日

承付期限＿＿＿＿
到期

邮

收款单位	全　称	山东大德钛业有限责任公司	付款单位	全　称	华月胶带有限公司
	账　号	232901040000313		账号或地址	112233445566
	开户银行	德州农行　行号 35587		开户银行	保定市工商桥东支行

托收金额	人民币（大写）肆万肆仟叁佰肆拾元整	千	百	十	万	千	百	十	元	角	分
				4	4	3	4	0	0	0

附件		商品发运情况	合同名称号码
附寄单证张数或册数	2 张	已发出	

备注 代垫运费 2 000 元	银行意见：保定市工行桥东支行 2014.12.03 （收款单位开户行盖章）付讫	科目（付）＿＿ 对方科目（收）＿＿ 转账　年　月　日 复核员：　记账员：

付款单位开户行收到日期　　　　2014 年 12 月 3 日

表 8-17　收料单

收 料 单

材料科目：原材料　　　　　　　　　　　　　　　　编号：102
材料类别：原料及主要材料　　　　　　　　　　　　收料仓库：2 号仓库
供应单位：山东大德钛业公司　　　2014 年 12 月 5 日　　发票号码：007430

材料	材料	规	计量	数量		实际价格				计划价格	
编号	名称	格	单位	应收	实收	单价	发票金额	运费	合计	单价	金额
002	钛		吨	2	2	19 000	36 000	2 000	38 000	18 000	36 000
备注											

采购员：李振　　　检验员：王富　　　记账员：陈力　　　保管员：李达

注：2013 年 8 月 1 日，"营改增"在全国推广后，"运费"发票须是增值税专用发票，方可计算进项税额。不再按原来运费发生数乘以 7%，算出进项税额，把其余部分计入采购成本。本题的运费发票是增值税专用发票，需计算进项税额，要把发生的运费全部计入采购成本。

业务 6（见表 8-18 至表 8-20）

表 8-18　河北省增值税专用发票（发票联）

河北省增值税专用发票　　　№130062140

开票日期：2014 年 12 月 7 日

购货单位	名　　称：	华月胶带有限责任公司					密码区		
	纳税人识别号：	2009457863215674							
	地址、电话：	保定市维一路 126 号							
	开户行及账号：	工行东支 112233445566							

货物或应税劳务名称	规格型号	单位	数量	单价	金额	税率	税额
档案桌		张	4	400	1 600	17%	272
工作服		套	4	100	400	17%	68
合　计					2 000		340

价税合计（大写）	⊗ 贰仟叁佰肆拾元整	（小写）¥2 340.00

销货单位	名　　称：	东方家俱城	备注
	纳税人识别号：	370103002245765	
	地址、电话：		
	开户行及账号：	232901040024124	

收款人：　　　复核：　　　开票人：王宏

第二联：发票联　购货方记账凭证

表 8-19　河北省增值税专用发票（（抵扣联）

河北省增值税专用发票

No130062140

开票日期：2014 年 12 月 7 日

购货单位	名　　称：	华月胶带有限责任公司				密码区			
	纳税人识别号：	2009457863215674							
	地　址、电话：	保定市维一路 126 号							
	开户行及账号：	工行东支 112233445566							
货物或应税劳务名称		规格型号	单位	数量	单价	金额	税率	税额	
档案桌			张	4	400	1 600	17%	272	
工作服			套	4	100	400	17%	68	
合　计						2 000		340	
价税合计（大写）		⊗ 贰仟叁佰肆拾元整				（小写）¥2 340.00			
销货单位	名　　称：	东方家俱城				备注	370103 002245765 发票专用章		
	纳税人识别号：	370103002245765							
	地　址、电话：								
	开户行及账号：	232901040024124							

收款人：　　　复核：　　　开票人：王宏　　　销货单位（章）

第一联：抵扣联　购货方抵扣凭证

表 8-20　周转材料入库单

周 转 材 料
入 库 单

字第 6701 号

2014 年 12 月 7 日

单位：元

发货地点				供应单位		东方家俱城	备　注		
库名	编号	名　称	单位	规格	入　库			单张据数	实　收	
					数量	单价	金额		数量	金额
		档案桌	张		4	400	1 600		4	1 600
		工作服	套		4	100	400		4	400

会计：刘进东　　　保管：李达　　　采购员：李振江　　　制单：李达

三联送交财务会计

业务 7（见表 8-21 至表 8-23）

表 8-21　河北省增值税专用发票（记账联）

河北省增值税专用发票

No130062140

此联不作报销、扣税凭证使用

开票日期：2013 年 12 月 8 日

购货单位	名　　　称：	凯旋有限责任公司				密码区			
	纳税人识别号：	271883400431730							
	地　址、电　话：	邯郸市 3678661							
	开户行及账号：	工行营业部 2345691102							
货物或应税劳务名称	规格型号	单位	数量	单价	金额	税率	税额
普通机床		台	2	25 000	50 000.00	17%	8 500.00
合　计					50 000.00		8 500.00
价税合计（大写）	⊗ 伍万捌仟陆佰元整				（小写）￥58 500.00		
销货单位	名　　　称：	华月胶带有限责任公司				备注			
	纳税人识别号：	2009457863215674							
	地　址、电　话：	保定市维一路 126 号							
	开户行及账号：	工行东支 112233445566							

第三联：记账联　销货方记账凭证

收款人：　　　复核：　　　开票人：张力宏　　　销货单位：（章）

表 8-22　出库通知单

出 库 通 知 单

2014 年 12 月 24 日　　　　　　　　第 8 号

编号	名称	规格	单位	应发数量	实发数量	单位成本	总　　价								附注
							十	万	千	百	十	元	角	分	
	普通机床		台	2	2	15 000	￥	3	0	0	0	0	0	0	0
	合计						￥	3	0	0	0	0	0	0	0

附单据　张

会计：刘进东　　仓库主管：马达　　保管：李达　　经手：李达　　制单：李达

表8-23 商业承兑汇票

商 业 承 兑 汇 票　2　IX IV42476901

签发日期：贰零壹肆年壹拾贰月零捌日　　　　　第 105 号

付款方	全 称	凯旋有限责任公司	收款人	全 称	华月胶带制造公司	此联收款人开户行作借方凭证随附件凭证寄付款人开户行收款作借方凭证随结算凭证寄付款
	账 号	2345691102		账 号	112233445566	
	开户银行	工行营业部　行号 1346		开户银行	工行桥东支行　行号 6781	

汇票金额	人民币（大写）：伍万捌千伍佰元整	千	百	十	万	千	百	十	元	角	分
				¥	5	8	5	0	0	0	0

汇票到期日	贰零壹伍 年 零叁 月 零叁 日	交易合同号	18676

本汇票一经本单位承诺，到期日无条件支付票款。此致	本汇票请予以承兑与到期日付款利率（年）7.2%。
付款人盖章	汇票签发人盖章
负责：王梅 经办：刘永 2014年12月8日	负责：王梅 经办：刘永 2014年12月8日

业务8（见表8-24）

表8-24 中国工商银行现金支票存根

中国工商银行
现金支票存根

IV II 20496025

科　目＿＿＿＿＿＿＿＿＿

对方科目＿＿＿＿＿＿＿＿

出票日期　2014 年 12 月 9 日

收款人：	华月胶带制造公司
金　额：	3 000.00
用　途：	补足备用金

单位主管：王海　　会计：李海波

业务 9（见表 8-25）

表 8-25 中国工商银行进账单（收账通知）

中国工商银行 进 账 单（收账通知）

2014 年 12 月 11 日 　　　　　　　　　　　　第 233 号

收款人	全　称	华月胶带制造公司	付款人	全　称	博通有限责任公司
	账　号	112233445566		账　号	5711100202
	开户银行	保定市工行桥东支行		开户银行	保定市工行营业部

人民币（大写）	叁拾捌万陆仟元整	千	百	十	万	千	百	十	元	角	分
			¥	3	8	6	0	0	0	0	0

票据种类	银行汇票	
票据张数	1 张	保定市工行桥东支行 2014.12.11 收讫

单位主管：　　　会计：

复　核：　　　记账：　　　　　　　　　　收款人开户行盖章

此联是持票人开户行给持票人的收账通知

业务 10（见表 8-26 和表 8-27）

表 8-26 河北省增值税专用发票（记账联）

河北省增值税专用发票　　　№130062140

全国统一发票监制
河北省
此联不作报销，扣税凭证使用
国家税务局监制

开票日期：2014 年 12 月 11 日

购货单位	名　　称：	苏州鸿运有限责任公司	密码区			
	纳税人识别号：	18611269813457				
	地址、电话：	苏州市天河区				
	开户行及账号：	德孝路支行 541117				

货物或应税劳务名称	规格型号	单位	数量	单价	金额	税率	税额
普通机床		台	2	25 000	50 000.00	17%	8 500.00
精密机床		台	10	3 000	30 000.00	17%	5 100.00
合　计					80 000.00		13 600.00

价税合计（大写）	⊗ 玖万叁仟陆佰元整	（小写）¥93 600.00

销货单位	名　　称：	华月胶带有限责任公司	备注
	纳税人识别号：	2009457863215674	
	地址、电话：	保定市维一路 126 号	
	开户行及账号：	工行东支 112233445566	

收款人：　　　　　复核：　　　　　开票人：张力宏　　　销货单位：（章）

第三联：记账联 销货方记账凭证

华月胶带有限责任公司 20094 57863215674 发票专用章

表 8-27 出库通知单

出 库 通 知 单

2014 年 12 月 11 日　　　　　　　　　　　　　　　　第 8 号

编 号	名 称	规 格	单 位	应发数量	实发数量	单位成本	总 价								附 注
							十万	千	百	十	元	角	分	
	精密机床		台	10	10	1 800	￥1	8	0	0	0	0	0	
	普通机床		台	2	2	15 000	￥3	0	0	0	0	0	0	
	合计						￥4	8	0	0	0	0	0	

会计：刘进东　　　仓库主管：马达　　　保管：李达　　　经手：李达　　　制单：李达

附单据　张

业务 11（见表 8-28）

表 8-28 中国工商银行贴现凭证（收账通知）

中国工商银行 贴现凭证（收账通知）　　4

申请日期 2014 年 12 月 15 日　　　　　　　　　　　　　　No 24568

持票人	名称	华月胶带制造公司	贴现汇票	种类	商业承兑汇票		号码	SC 02587
	账号	112233445566		发票日	2014 年 11 月 15 日			
	开户银行	工行桥东支行		到期日	2015 年 2 月 15 日			

汇票承兑人（或银行）	名称	宏利公司	账号	24031694122	开户银行	工行泰西营业部

汇票金额（即贴现金额）	人民币（大写）：贰万捌千元整	千	百	十	万	千	百	十	元	角	分
				￥1	8	0	0	0	0	0	0

贴现率 每月	5‰	贴现利息	千	百	十	万	千	百	十	元	角	分	实付贴现金额	千	百	十	万	千	百	十	元	角	分
									￥9	0	0	0					￥1	7	9	1	0	0	0

上述款项以入你单位账户保定市工行桥东支行
此致
　　　　　银行盖章
　　　　　2014.12.15
　　　　　转讫

备注：

此联是银行该给贴现申请人的收账通知

业务 12（见表 8-29 和表 8-30）

表 8-29　中国工商银行转账支票存根

中国工商银行
转账支票存根

IV II 20496025

科　　目＿＿＿＿＿＿＿＿＿＿

对方科目＿＿＿＿＿＿＿＿＿＿

出票日期　2014 年 12 月 15 日

财务专用

| 收款人：第一建筑公司 |
| 金　额：1 400 000.00 |
| 用　途：支付工程款 |

单位主管：王海　　　会计：李海波

表 8-30　河北省建筑安装行业专用发票

河北省建筑安装行业专用发票

№ 822612

客户名称：华月胶带有限责任公司

2014 年 12 月 15 日

项　目	单　位	数　量	单　价	金　额									
				千	百	十	万	千	百	十	元	角	分
厂房扩建					1	4	0	0	0	0	0	0	0
人民币合计（大写）壹佰肆拾万元整				¥	1	4	0	0	0	0	0	0	0
备注：建造合同号码 062354													

收款单位（盖章）　　　　　　会计　　　复核：于纳　　　制单：张静

第一联　发票联

业务 13（见表 8-31 至表 8-33）

表 8-31 中国工商银行信汇凭证（回单）

中国工商银行 信 汇 凭 证（回单）1

汇款单位编号　　　　　　委托日期：2014 年 12 月 15 日　　　　　　第 0789209 号

收款单位	全 称	三达机械制造有限公司	汇款单位	全 称	华月胶带制造公司
	账号或住址	518188090016		账号或住址	112233445566
	汇入地点	江西省	汇入行名称 九江工行营业部	汇出地点	河北省	汇出行名称 保定市工行桥东支行

金额	人民币（大写）肆万叁仟伍佰贰拾肆元整	千 百 十 万 千 百 十 元 角 分
		¥ 4 3 5 2 4 0 0

汇款用途：设备款　　　　　　（汇出行盖章）保定市工行桥东支行 2014.12.15 付讫

上列款项已根据委托办理，如须查询，请持此回单来行面洽。　　2014 年 12 月 15 日

单位主管：　　会计：　　复核：　　记账：

表 8-32 江苏省增值税专用发票

江苏省增值税专用发票　　No130062140

开票日期：2014 年 12 月 15 日

购货单位	名 称： 华月胶带有限责任公司	密码区
	纳税人识别号： 2009457863215674	
	地址、电话： 保定市维一路 126 号	
	开户行及账号： 工行东支 112233445566	

货物或应税劳务名称	规格型号	单位	数量	单价	金额	税率	税额
精密机床		台	2	18 600	37 200	17%	6 324
合 计					37 200		6 324

价税合计（大写）	⊗ 拾肆万叁仟伍佰贰拾元整 （小写）¥43 524.00

销货单位	名 称： 三达机械制造有限公司	备注
	纳税人识别号： 510785455456546	
	地址、电话： 江西九江市南山路 309 号	
	开户行及账号： 0515—28954429 九江工行 518188090016	

收款人：　　复核：　　开票人：张宏达　　销货单位：（章）

表 8-33　固定资产验收交接单

固定资产验收交接单

№00087562

2014 年 12 月 15 日

金额单位：元

资产编号	资产名称	型号规格或结构面积	计量单位	数量	设备价值或工程造价	设备基础及安装费用	附加费用	合计
	精密机床		台	2	37 200			37 200
资产来源			耐用年限			主要附属设备		1
制造厂名			估计残值					2
制造日期及编号			基本折旧率					3
工程项目或使用部门			复杂系数					4

本单分送财务部门、交接双方及上级资产管理部门

业务 14（见表 8-34 至表 8-37）

表 8-34　中国工商银行委托收款凭证

委 邮

委收号码：0224511

中国工商银行 委托收款凭证（支款通知）

5

委托日期：2014 年 12 月 15 日

收款单位	全　称	福州双星机电有限公司		付款单位	全　称	华月胶带有限公司									
	账号或地址	5197218065665			账号或地址	112233445566									
	开户银行	福州工行营业部　行号			开户银行	保定市工商银行桥西支行									
委收金额	人民币（大写）叁拾伍万壹仟元整					千	百	十	万	千	百	十	元	角	分
							¥	3	5	1	0	0	0	0	0
款项内容	货款	委托收款凭证名称	发票			附寄单证张数		3							
备注	保定市工行桥东支行 2014.12.15 付讫		付款人注意： 1. 根据结算办法，上列委托收款，如在付款期限内未据付，即视同全部同意付款，以此联代付款通知。 2. 如需提前付或多付款时，应另写书面通知送银行办理。 3. 如系全部或部分据付，应在付款期限内另填拒绝付款由书送银行办理。													

此联付款人开户银行给付款人按期付款的通知

单位主管：　　会计：李佳　　　复核：李天鹏　　　记账：王丽

表 8-35 福建省增值税专用发票

福建省增值税专用发票　　　　　　　　No 130062140

开票日期：2014 年 12 月 15 日

购货单位	名　　　称：	华月胶带有限责任公司				密码区			
	纳税人识别号：	2009457863215674							
	地址、电话：	保定市维一路 126 号							
	开户行及账号：	工行东支 112233445566							

货物或应税劳务名称	规格型号	单位	数量	单价	金额	税率	税额
数控机床		台	1	300 000	300 000	17%	51 000
合　计					300 000		51 000

价税合计（大写）	⊗ 叁拾伍万壹仟元整　　　　（小写）¥351 000.00

销货单位	名　　　称：	福州双星机电有限公司	备注
	纳税人识别号：	5118926400844576	
	地址、电话：	福建省福州市南京路 25 号	
	开户行及账号：	福州工行 5197218065665	

福州双星机电有限公司
51189
26400844576
发票专用章

收款人：　　　复核：　　　　　　　开票人：张宏达　　　销货单位：（章）

第二联 发票联 购货方记账凭证

表 8-36 中国工商银行转账支票存根

中国工商银行
转账支票存根

IV II 20496025

科　　目＿＿＿＿＿＿＿＿＿＿＿＿

对方科目＿＿＿＿＿＿＿＿＿＿＿

出票日期　2014 年 12 月 15 日　财务专用章

华月胶带有限责任公司

收款人：保定市安装公司
金　额：4 000.00
用　途：付设备款安装费

单位主管：王海　　　会计：李海波

表 8-37 河北省建筑安装行业专用发票

河北省建筑安装行业专用发票

№ 821023

客户名称：华月胶带有限责任公司

2014 年 12 月 15 日

项目	单位	数量	单价	金额									
				十	百	十	万	千	百	十	元	角	分
支付设备安装费							¥	4	0	0	0	0	0
人民币合计（大写）肆仟元整							¥	4	0	0	0	0	0
备注：建造合同号码 062312													

第一联 发票联

收款单位（盖章）   会计：   复核：于立   制单：王静

业务 15（见表 8-38）

表 8-38 固定资产交接（验收）单

固定资产交接（验收）单

2014 年 12 月 18 日

固定资产编号	名称	规格	型号	计量单位	数量	建造单位	建造编号	资金来源	附属技术资料
20-7	数控机床			台	1			自有	
总价（净值）	土建工程费	设备费	安装费	运杂费	包装费	其他	合计	预计年限	净残值率
		300 000	4 000				304 000	10	5%
	附属设备或建筑					原值		已提折旧	
验收意见	合格，交生产使用		验收人签章	王一		保管使用人签章		张雨	

业务 16（见表 8-39 至表 8-42）

表 8-39 固定资产出售（调拨）单

固定资产出售（调拨）单

2014 年 12 月 18 日

<table>
<tr><td rowspan="8">固定资产出售（调拨）理由</td><td>编号</td><td>100-12</td><td>数量</td><td>2</td><td>规定使用年限</td><td colspan="2">10</td><td>已提折旧</td><td>100 000</td></tr>
<tr><td rowspan="2">名称</td><td rowspan="2">精密机床</td><td>启用时间</td><td>2006</td><td>已使用年限</td><td colspan="2">8</td><td>净 值</td><td>80 000</td></tr>
<tr><td>停用时间</td><td>2014</td><td>原值</td><td colspan="2">180 000</td><td>出售价格</td><td>30 000</td></tr>
<tr><td>规格</td><td colspan="8"></td></tr>
<tr><td rowspan="4">铸造车间因从日本引进最新精密机床，原光谱仪低价售出。</td><td colspan="4">调入单位名称</td><td colspan="4">河北机械厂</td></tr>
<tr><td colspan="4">所有制性质</td><td colspan="4">国有</td></tr>
<tr><td colspan="4">无偿调拨或价拨</td><td colspan="4">有偿</td></tr>
<tr><td colspan="4">备注</td><td colspan="4"></td></tr>
<tr><td colspan="4">调入单位签字</td><td colspan="2">设备科签字</td><td colspan="2">主管厂长签字</td></tr>
<tr><td></td><td colspan="4">杨兰
2014.12.18</td><td colspan="2">李光
2014.12.18</td><td colspan="2">该设备处理意见已达成共识，同意处理。
陈华
2014.12.18</td></tr>
</table>

表 8-40 中国工商银行进账单（回单）

中国工商银行 进账单（回单） 1

2014 年 12 月 18 日　　　　第 6624 号

<table>
<tr><td rowspan="3">付款人</td><td>全 称</td><td>河北机械厂</td><td rowspan="3">收款人</td><td>全 称</td><td colspan="11">华月胶带有限责任公司</td><td rowspan="9">此联是收款人开户银行给收款人的回单</td></tr>
<tr><td>账 号</td><td>145685364657012</td><td>账 号</td><td colspan="11">112233445566</td></tr>
<tr><td>开户银行</td><td>保定市工商银行</td><td>开户银行</td><td colspan="11">保定市工商银行桥东支行</td></tr>
<tr><td colspan="2">人民币
（大写）</td><td colspan="2">叁万元整</td><td>千</td><td>百</td><td>十</td><td>万</td><td>千</td><td>百</td><td>十</td><td>元</td><td>角</td><td>分</td></tr>
<tr><td colspan="4"></td><td></td><td></td><td>¥</td><td>3</td><td>0</td><td>0</td><td>0</td><td>0</td><td>0</td><td>0</td></tr>
<tr><td>票据种类</td><td>银行汇票</td><td colspan="2" rowspan="4"></td><td colspan="11" rowspan="4">收款单位开户行盖章　保定工行桥东支行　2014.12.18　收讫</td></tr>
<tr><td>票据张数</td><td>1</td></tr>
<tr><td>单位主管</td><td>会计</td></tr>
<tr><td>复核</td><td>记账</td></tr>
</table>

表 8-41　专用发票

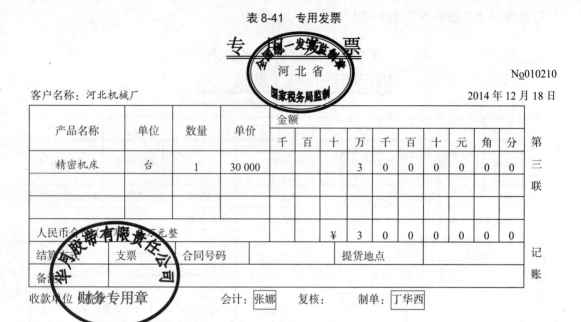

专用发票

河北省

全国统一发票监制章

国家税务局监制

No010210

客户名称：河北机械厂

2014 年 12 月 18 日

产品名称	单位	数量	单价	金额										
				千	百	十	万	千	百	十	元	角	分
精密机床	台	1	30 000				3	0	0	0	0	0	0
人民币金额(大写)　万元整							¥	3	0	0	0	0	0	0
结算	支票	合同号码			提货地点								
备注													

第 三 联

记 账

收款单位　财务专用章　　会计：张娜　复核：　　制单：丁华西

表 8-42　固定资产清理损益计算表

2014 年　12　月　21 日

清理项目		精密机床	清理原因		报废
固定资产清理借方发生额	金额		固定资产清理贷方发生额		金额
清理支出内容			清理收入内容		29 423.08
固定资产净值	80 000		固定资产报废残值		
营业税					
借方合计	80 000		贷方合计		29 423.08
净收益					
固定资产清理　　金额：50 576.92					
净损失					

复核：刘进东　　　　　　　　　　　　　　　　　制单：张一鸣

注：按照准则，2009 年 1 月 1 日之前购入的固定资产不抵扣增值税。本题 2006 年购入，所以未抵扣过增值税。出售未抵扣过增值税的固定资产，按照简易办法依 4%征税率减半征收增值税。

业务 17（见表 8-43 至表 8-45）

表 8-43　河北省增值税专用发票（发票联）

表 8-44　河北省增值税专用发票

表 8-45 收料单

收 料 单

材料科目：原材料   编号：103
材料类别：原料及主要材料   收料仓库：2 号仓库
供应单位：宏实有限公司

2014 年 12 月 19 日   发票号码：007430

材料	材料	规	计量	数量		实际价格				计划价格	
编号	名称	格	单位	应收	实收	单价	发票金额	运费	合计	单价	金额
042	钢	M15	吨	100	100	4 000	400 000	0	400 000	3 500	350 000
备注											

采购员：李振江   检验员：王连富   记账员：李海波   保管员：李达

业务 18（见表 8-46）

表 8-46 中国工商银行转账支票存根

中国工商银行
转账支票存根

IV Ⅱ 20496025

科   目＿＿＿＿＿＿＿＿

对方科目＿＿＿＿＿＿＿＿

出票日期 2014 年 12 月 20 日

收款人：宏实有限公司

金   额：468 000.00

用   途：支付货款

单位主管：王海   会计：李海波

业务 19（见表 8-47 至表 8-52）

表 8-47 固定资产卡片（正）

号码 100185

名 称	货 车	资产编号	2-10068
型号（结构）		规格	吨位 2.2
制（建）造厂	北京汽车厂	出厂时间	2004 年
使用单位	铸造车间	出厂编号	
资金来源		折旧年限	10 年
列账凭证		启用年月	2004 年 12 月
附件或附属物		固定资产原价	12.4 万元
		年折旧率	
调拨转移记录		预计净残值	6 200 元
报废清理记录		备注	折旧方法：工作量法
中间停用记录			

表 8-48 折旧记录（背）

折旧方法：工作量法

原值：124 000 元　　预计净残值：6 200 元　　预计工作里程：50 万公里　　每公里折旧额：0.235 6

年份	年工作量	月折旧额	年折旧额	累计折旧额	年份	年工作量	月折旧额	年折旧额	累计折旧额
2005	55 000		12 958	12 958	2010	50 000		11 780	74 214
2006	55 000		12 958	25 916	2011	45 000		10 602	84 816
2007	55 000		12 958	38 874	2012	45 000		10 602	95 418
2008	50 000		11 780	50 654	2013	45 000		10 602	106 020
2009	50 000		11 780	62 434	2014	40 000		9 424	115 444

表 8-49 固定资产报废申请书

申报单位：华月胶带有限公司   厂固定资产资产编号：2-10068

名称	货车	出厂时间		出厂编号	
型号、规格	吨位：2.2	投产时间		单位	辆
制造厂		使用单位	铸造车间		
原值（元）	124 000	净值（元）	8 556		
已折旧（元）	115 444	残值（元）	3 000		
报废原因	该货车已使用 10 年，已到报废时间 报告人：赵海 2014 年 12 月 5 日				
资产管理部门意见	同意报废 2014 年 12 月 21 日	厂部意见	同意报废 2014 年 12 月 21 日		

表 8-50 报废汽车回收证明

2014 年 12 月 21 日

交车单位（车主）	华月胶带有限公司	单位性质	国 有	地 址	河北省保定市桥东区维一路 126 号
牌照号码	26888	发动机号	458776	车架号	
车辆类型	货车	厂牌型号国别	国产	联系电话	
发证单位（章）	市地主管部门（章）经办人： 2014 年 12 月 21 日			收车单位（章）经办人： 2014 年 12 月 21 日	
备注					

表 8-51　中国工商银行进账单（收账通知）

中国工商银行 进 账 单（收账通知）

2014 年 12 月 21 日　　　　　　　　　　　　　第 323 号

收款人	全　称	华月胶带制造公司	付款人	全　称	保定市回收公司
	账　号	112233445566		账　号	145685088086
	开户银行	保定市工行桥东支行		开户银行	保定工行营业部

人民币 （大写）	叁万元整	千	百	十	万	千	百	十	元	角	分
					￥	3	0	0	0	0	0

票据种类	转账支票 112
票据张数	1 张

保定市工行桥东支行
2014.12.21
收讫

单位主管：　　会计：

复　核：　　记账：　　　　　　　收款人开户行盖章

此联是持票人开户行给持票人的收账通知

表 8-52　固定资产清理损益计算表

2014 年 12 月 21 日

清理项目	货车		清理原因	报废	
固定资产清理借方发生额			固定资产清理贷方发生额		
清理支出内容		金额	清理收入内容		金额
固定资产净值		8 556.00	固定资产报废残值		2 942.31
营业税					
清理支出					
借方合计		8 556.00			2 942.31
固定资产清理	净收益　　金额：5 613.69 元　大写：伍仟柒佰壹拾叁元陆角玖分 净损失				

复核：刘进东　　　　　　　　　制单：张一鸣

注：按照准则，2009 年 1 月 1 日之前购入的固定资产不抵扣增值税。本题 2006 年购入，所以未抵扣过增值税。出售未抵扣过增值税的固定资产，按照简易办法依 4%征税率减半征收增值税。

业务 20（见表 8-53）

表 8-53　成交过户交割凭单（买）

21/12/2014　　　成交过户交割凭单　　　　买

股东编号：	A 225 033 668	成交证券：	国债
电脑编号：	576 447	成交数量：	1 000（股）
公司代号：	468	成交价格：	100.00
申请编号：	126	成交金额：	100 000.00
申报时间：	11:12:42	标准佣金：	0.00
成交时间：	11:28:28	过户费用：	0.00
上次余额：	0（股）	印花税：	0.00
本次成交：	1 000（股）	应付金额：	100 000.00
本次余额：	1 000（股）	附加费用：	0.00
本次库存：	1 000（股）	实付金额：	100 000.00

经办单位：　　　　　　　　　　客户签章：　张娜

　　注：企业购入凭证式三年国债，国债期限三年，作为持有至到期投资管理（国债面值：100 元，发行价格：100 元，计息方式：固定利率，票面利率：3.39%）。

业务 21（见表 8-54）

表 8-54　成交过户交割凭单（卖）

21/12/2013		成交过户交割凭单	卖
股东编号：	A 225 033 668	成交证券：	三源股份
电脑编号：	576 447	成交数量：	1 000（股）
公司代号：	468	成交价格：	6.50
申请编号：	3256	成交金额：	6 500.00
申报时间：	10:15:42	标准佣金：	13.00
成交时间	11:27:20	过户费用：	0.00
上次余额：	1 000（股）	印花税：	17.00
本次成交：	1 000（股）	应收金额：	6 470.00
本次余额：	0（股）	附加费用：	0.00
本次库存：	0（股）	实收金额：	6 470.00

经办单位：　　　　　　　　　　客户签章：　张娜

注：将持有的三源股份售出。

业务 22（见表 8-55 和表 8-56）

表 8-55 河北省增值税专用发票（发票联）

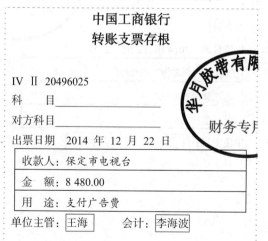

河北省增值税专用发票　　　№130062140

开票日期：2014 年 12 月 19 日

	名　　称：	华月胶带有限责任				密		
接受单位	纳税人识别号：	2009457863215674				码		
	地址、电话：	保定市维一路 126 号				区		
	开户行及账号：	工行东支 112233445566						

货物或应税劳务名称	规格型号	单位	数量	单价	金额	税率	税额
广告费					8 000.00	6%	480.00
合　计					8 000.00		480.00

价税合计（大写）	⊗ 捌仟肆佰捌拾元整	（小写）¥8 480.00

	名　　称：	保定市电视台		
劳务单位	纳税人识别号：	2955567845611135	备	
	地址、电话：	保定市裕华路 190 号	注	
	开户行及账号：	保定市工商银行裕华办事处		

收款人：　　复核：　　　　开票人：宏达　　　　销货单位：（章）

表 8-56 中国工商银行转账支票存根

中国工商银行
转账支票存根

IV II 20496025

科　目＿＿＿＿＿＿

对方科目＿＿＿＿＿

出票日期　2014 年 12 月 22 日

收款人：	保定市电视台
金　额：	8 480.00
用　途：	支付广告费

单位主管：王海　　会计：李海波

注：本题中支付广告费属于"营改增"的内容应缴增值税的劳务。如果企业收到的是对方开具的广告费内容的增值税专业发票，是可以计算进项税额的，税率为 6%。本题由于收到的是广告费内容的增值税专业发票，故可计算进项税额。

业务 23（见表 8-57 和表 8-58）

表 8-57　河北省行政事业单位收发收据

河北省行政事业单位收费收据

交款单位：华月胶带有限责任公司		收款方式：　　支票	第
交款金额：人民币（大写）捌仟元整		¥8 000.00 元	一 联
收款事由： 职工培训费			收 据
		日期：2014 年 12 月 22 日	
单位盖章　　财会主管：　　记账：　　出纳：　　复核：　　经办： 刘红			

表 8-58　中国工商银行转账支票存根

中国工商银行
转账支票存根

IV Ⅱ 20496025

科　目＿＿＿＿＿＿＿＿

对方科目＿＿＿＿＿＿＿

出票日期　2014 年　12 月　22 日

| 收款人：保定市广播电视大学 |
| 金　额：8 000.00 |
| 用　途：培训费 |

单位主管： 王海　　会计： 李海波

业务 24（见表 8-59 至表 8-61）

表 8-59　中国工商银行进账单（回单）

中国工商银行　进账单（回单）　1

2014 年 12 月 23 日　　　　　　　　　　第 6724 号

付款人	全　称	鸿运有限责任公司	收款人	全　称	华月胶带有限责任公司
	账　号	216853647012		账　号	112233445566
	开户银行	保定建行裕华支行		开户银行	保定市工商银行桥东支行

人民币（大写）	柒万零贰佰元整	千	百	十	万	千	百	十	元	角	分
				¥	7	0	2	0	0	0	0

票据种类	银行汇票	保定市工行桥东支行
票据张数	1	2014.12.23
单位主管：　　会计：		收款单位开户行盖章　　　收讫
复核：　　　　记账：		

此联是收款人开户银行给收款人的回单

表 8-60　河北省增值税专用发票（记账联）

河北省增值税专用发票　№130062140

河北省
国家税务局监制

此联不作报销、扣税凭证使用

开票日期：2014 年 12 月 23 日

购货单位	名　　称：	鸿运有限责任公司	密码区
	纳税人识别号：	150534871306411	
	地址、电话：	保定市	
	开户行及账号：	建行西支 532-12	

货物或应税劳务名称	规格型号	单位	数量	单价	金额	税率	税额
精密机床		台	20	3000	60 000.00	17%	10 200.00
合　计					60 000.00		10 200.00

价税合计（大写）	⊗ 柒万零贰佰元整	（小写）¥70 200.00

销货单位	名　　称：	华月胶带有限责任公司	备注
	纳税人识别号：	2009457863215674	
	地址、电话：	保定市维一路 126 号	
	开户行及账号：	工行东支 112233445566	

华月胶带有限责任公司
20094
57863215674
发票专用章

收款人：　　　复核：　　　　开票人：张力宏　　　销货单位：（章）

第三联　记账联　销货方记账凭证

表8-61　出库通知单

出 库 通 知 单

2014 年 12 月 24 日　　　　　　　　　　　　　　　　第 8 号

编号	名称	规格	单位	应发数量	实发数量	单位成本	总　　价								附　注
							十	万	千	百	十	元	角	分	
	精密机床		台	20	20	1 800	¥	3	6	0	0	0	0	0	
	合计						¥	5	0	4	0	0	0	0	

会计：刘进东　　　　仓库主管：马达　　　保管：李达　　　经手：李达　　　制单：李达

附单据　　张

业务 25（见表 8-62 至表 8-64）

表8-62　河北省增值税专用发票

河北省增值税专用发票　　　Ño130062140

此联不作报销、扣税凭证使用

开票日期：2014 年 12 月 24 日

	名　　称：	华丰有限责任公司			密		
购货单位	纳税人识别号：	188888039672217			码		
	地　址、电话：	河北省承德市			区		
	开户行及账号：	承德支行 465-1					
货物或应税劳务名称	规格型号	单位	数量	单价	金额	税率	税额
精密机床		台	28	3 000	84 000.00	17%	14 280.00
合　计					84 000.00		14 280.00
价税合计（大写）	⊗玖万捌仟贰佰捌十元整				（小写）¥98 280.00		
销货单位	名　　称：	华月胶带有限责任公司			备		
	纳税人识别号：	2009457863215674					
	地　址、电话：	保定市维一路 126 号			注		
	开户行及账号：	工行东支 112233445566					

收款人：　　　复核：　　　　　　开票人：张力宏　　　销货单位：（章）

第三联　记账联　销货方记账凭证

表8-63　商业承兑汇票

商 业 承 兑 汇 票

2014 年 12 月 24 日　　　　　　　　　　X10636354

付款人	全　称	华丰有限责任公司	收款人	全　称	华月胶带有限责任公司									
	账　号	555723458		账　号	112233445566									
	开户银行	河北农行承德德支行		开户银行	保定市工行桥东支行			行号						

汇票金额	人民币（大写）玖万捌仟贰佰捌拾元整	千	百	十	万	千	百	十	元	角	分
				¥	9	8	2	8	0	0	0

汇票日期	2015 年 3 月 24 日	交易合同号码	32

本汇票已经本单位承兑，到期日无条件支付票款。

致礼

收款人

付款人（盖章）　　　　　　　　汇款签发人（盖章）

2014 年 12 月 24 日　　　　　　　负责　　　　　经办

（华丰有限责任公司 财务专用章）　　（华丰有限责任公司 财务专用章）

此联收款人开户行随结算凭证寄付款人开户行

作为付出传票附件

表8-64　出库通知单

出 库 通 知 单

2014 年 12 月 24 日　　　　　　　　　　第 8 号

编号	名　称	规　格	单位	应发数量	实发数量	单位成本	总　　价								附　注
							十	万	千	百	十	元	角	分	
	精密机床		台	28	28	1 800	¥	5	0	4	0	0	0	0	商业汇票结算
	合计						¥	5	0	4	0	0	0	0	

会计：刘进东　　　仓库主管：马达　　　保管：李达　　　经手：李达　　　制单：李达

附单据　张

业务 26（见表 8-65）

表 8-65　中国工商银行进账单（回单）

中国工商银行　进账单（回单）　　1

2014 年 12 月 25 日　　　　第 8624 号

付款人	全　称	通达有限责任公司	收款人	全　称	华月胶带有限责任公司
	账　号	6986346651221		账　号	112233445566
	开户银行	保定市工行东山支行		开户银行	保定市工商银行桥东支行

人民币（大写）	肆仟伍佰元整	千	百	十	万	千	百	十	元	角	分
					¥	4	5	0	0	0	0

票据种类	转账支票
票据张数	1

收款单位开户行盖章

保定市工行桥东支行
2014.12.25
收讫

此联是收款人开户银行给收款人的回单

单位主管：　会计：
复核：　　　记账：

业务 27（见表 8-66 至表 8-68）

表 8-66　中国工商银行进账单（回单）

中国工商银行　进账单（回单）1

2014 年 12 月 25 日　　　第 8655 号

付款人	全　称	大宝有限责任公司	收款人	全　称	华月胶带有限责任公司
	账　号	677753647012		账　号	112233445566
	开户银行	保定市工行解放路支行		开户银行	保定市工商银行桥东支行

人民币（大写）	肆仟伍佰元整	千	百	十	万	千	百	十	元	角	分
						¥	4	5	0	0	0	0

票据种类	银行汇票
票据张数	1

收款单位开户行盖章

保定市工行桥东支行
2014.12.25
收讫

此联是收款人开户银行给收款人的回单

单位主管：　会计：
复核：　　　记账：

表 8-67 河北省保定市服务业专用发票

河北省保定市服务业专用发票

地税监

（02813-040835）

8101-0059484

2013 年 12 月 25 日

顾客名称：大宝有限责任公司

货品名称	规格	单位	数量	单价	超过十万元无效	金 额
						十 万 千 百 十 元 角 分
出租汽车		辆	3	1 500		4 5 0 0
合计人民币	（大写）肆仟伍佰元整					¥ 4 5 0 0 0

开票人：张强　　　　收款人：　　　　　　　　开票收款单位及地址（盖章）

表 8-68 应交增值税计算表

2014 年 12 月 25 日

序号	应税项目	应税额额（元）	增值税税率	应交增值税（元）
1	出租汽车收入	4 500	0.17	653.85
2				
3				
合 计				

制表：刘丽　　　　　　　　　　　　复核：赵莎

注：2013 年 8 月 1 日后，"营改增"在全国推广。此题为"营改增"中有形动产租赁业务，应交增值税，税率为 17%。此题收到的款项为价税合计，因此要实行价税分离。

业务 28（见表 8-69 和表 8-70）

表 8-69　保险费收款收据

保　险　费　收　款　收　据

2014 年 12 月 25 日

交款人	华月胶带有限责任公司	付款方式	支　票	第
交款事由	2015 年度汽车保险费	保险单号	86 765	二
金额（大写）	叁仟零捌拾元整		¥3 080.00	联

2014 年 12 月 25 日

会计主管：　　　记账：　　　　审核：　　　　出纳：　　　经办：刘红

　　　　　　　　　　　　　　　　　　　　　　　　　财务专用章

表 8-70　中国工商银行转账支票存根

中国工商银行

转账支票存根

IV Ⅱ 20496025

科　　目＿＿＿＿＿＿＿＿＿

对方科目＿＿＿＿＿＿＿＿＿

出票日期　2014 12 月 25 日

收款人：中国财保保定分公司
金　额：3 080.00
用　途：支付保险费

单位主管：王海　　　会计：李海波

业务29（见表8-71）

表8-71 证券价格表

12月31日

股票名称	股数	成本	公允价值变动余额	期末市场价格	当期公允价值变动
凭证式国债	1 000	100 000	0	101	
天马股份	1 000	10 600	-300	10.5	

业务30（见表8-72）

表8-72 中国工商银行进账单（收账通知）

中国工商银行 进 账 单（收账通知）

2014 年 12 月 31 日　　　　　　第 354 号

收款人	全 称	华月胶带有限责任公司	付款人	全 称	信达五金电器商行
	账 号	112233445566		账 号	68468123405
	开户银行	保定市工行桥东支行		开户银行	保定市工行营业部

人民币（大写）	伍仟元整	千	百	十	万	千	百	十	元	角	分
					¥	5	0	0	0	0	0

票据种类	转账支票112
票据张数	1 张

单位主管：　　会计：

复　核：　　记账：

保定市工行桥东支行
2014.12.31
收 讫
收款人开户行盖章

此联是持票人开户行给持票人的收账通知

注：本题和业务3是紧密联系的，属于房屋建筑物租赁，属于交营业税的范畴，和业务27出租汽车要区别开。业务27出租汽车属于有形动产租赁，属于交增值税的范畴。

业务 31（见表 8-73）

表 8-73 中国工商银行借款计息通知（付款通知）

中国工商银行　借款计息通知（付款通知）　3

签发日期：2014 年 12 月 31 日

付款人	全称	华月胶带有限责任公司	收款人	全 称	保定市工商银行桥西											
	账号	112233445566		账 号	6578999999											
	开户银行	保定市工行桥东支行		开户银行	保定市工行桥西支行				行号							
金额	人民币（大写）柒仟贰佰伍拾元整					千	百	十	万	千	百	十	元	角	分
									¥	7	2	5	0	0	0
结息期	10～12 月结息	计息积数			利率										
备 注：10 月和 11 月已预提利息 5800 元				保定市工行桥东支行 2014.12.31 付 讫											

业务 32（见表 8-74 和表 8-75）

表 8-74 中国工商银行现金支票存根

中国工商银行
现金支票存根

Ⅳ Ⅱ 20496025

科　目＿＿＿＿＿＿＿＿

对方科目＿＿＿＿＿＿＿

出票日期　2014 年 12 月 31 日

华月胶带有限责任公司 财务专用章

收款人：华月胶带制造公司
金　额：27 910.00
用　途：提现备发工资

单位主管：王海　　会计：李海波

表 8-75 工资结算汇总表

2014 年 12 月 31 日

单位、人员类别		应付工资							代扣款			实发工资	领款人签章
		计时工资	计件工资	奖金	保健津贴	夜班津贴	病假工资	应付工资	房租	其他	合计		
基本生产车间	生产人员	12 000		1 000	300	150		13 450	350		350	13 100	
	管理人员	1 520		150	600			2 270	170		170	2 100	
	小计	13 520		1 150	400	150		15 720	520		520	15200	
辅助生产车间	生产人员	4 000		540				4 540	240		240	4 300	
	管理人员	1 000		100				1 100	80		80	1 020	
	小计	5 000		640				5 640	320		320	5 320	
行政管理部门		6 500		300				6 800	200		200	6 600	
医务及福利部门		600		80				680	50		50	630	
专设销售机构		580		120				700	540		540	160	
合计		26 200		2 290	400	150		29 540	1 630		1 630	27 910	

复核：宋江　　　　　　　　　　　　制表人：马海

业务 33（见表 8-76）

表 8-76 工资费用分配汇总表

2014 年 12 月 31 日

车间及部门		应分配工资额（元）				备注
		基本工资	各项津贴	奖金	合计	
基本生产车间	普通机床生产工人	6 000	475	500	6 975	
	精密机床生产工人	6 000	475	500	6 975	
	数控机床生产人员	1 520	100	150	1 770	
辅助生产车间	机修车间	5 000		640	5 640	
	供电车间					
管理部门		6 500		300	6 800	
医务福利人员		600		80	680	
销售机构		580		120	700	
合计		26 200	1 050	2 290	29 540	

复核：宋江　　　　　　　　　　　　制表：马海

业务 34（见表 8-77）

表 8-77　固定资产折旧计算表

2014 年 12 月　　　　　　　　　　　　　　　　　　　　　　单位：元

使用单位和 固定资产类别		上月计提 折旧额	上月增加的固定资 产应计提的折旧额	上月减少的固定资 产应计提的折旧额	本月应计 提折旧额
铸钢车间		4 200	600		
锻工车间		3 800	420	128	
铆焊车间		5 210		260	
一加工车间		3 680	400		
二加工车间		4 260			
总装车间		6 800	1 200		
机电设 备分厂	工具车间	3 200		450	
	机修车间	4 100	628		
	小计	7 300	628	450	
厂部管理部门		8 000			
合计		43 250	3 248	838	

制表：李科　　　　　　　　　　复核：赵莎　　　　　　　　2014 年 12 月 31 日

业务 35（见表 8-78）

表 8-78　应交增值税计算表

2014 年 12 月

当期销项税额	当期进项税额	当期进项税额转出	已交税额	应交增值税

制表：李贺　　　　　　　　　　审核：赵莎　　　　　　　　2014 年 12 月 31 日

业务 36（见表 8-79）

表 8-79　应交城建税及教育费附加计算表

2014 年 12 月

税　种	计税依据				税　率	应纳税额额
	增值税	营业税	消费税	合　计		
城建税					7%	
教育费附加					3%	
合　计						

制表：李贺　　　　　　　　　　审核：赵莎　　　　　　　　2014 年 12 月 31 日

业务 37（见表 8-80）

表 8-80　工会经费计算表

2014 年 12 月 31 日

月　份	工资总额	提取率	应提工会经费额
12	29 540	2%	

复核：宋江　　　　　　　制表：马海

业务 38（见表 8-81）

表 8-81　职工教育经费计算表

2014 年 12 月 31 日

月　份	工资总额	提取率	应提工会经费额
12	29 540	2.5%	

复核：宋江　　　　　　　制表：马海

业务 39（见表 8-82）

表 8-82　所得税计算表

2014 年 12 月 31 日

全年利润总额	其中：中库券利息收入	超过扣税标准的业务待费	应纳税所得额
	5 600	3 200	
税　率	25%	全年应纳所得税	
1-11 月已计提	330 000	本月应计提	

复核：赵莎　　　　　　　制表：李贺

业务 40

将所有损益类账户余额结转到本年利润中。

业务 41（见表 8-83）

表 8-83　盈余公积计算表

2014 年 12 月 31 日

全年税后净利润	法定盈余公积 10%	公益金 5%	合　计

复核：赵莎　　　　　　　制表：赵丽

业务 42

将本年利润账户余额结转到利润分配中。

业务 43

将利润分配各明细发生额结转至"利润分配——未分配利润"。

附录 A 附表（2014）营改增后的增值税税目税率表

\u3000	\u3000	(2014) 营改增后的增值税税目税率表	\u3000
小规模纳税人	包括原增值税纳税人和营改增纳税人		征收率3%
	从事货物销售，提供增值税加工、修理修配劳务，以及营改增各项应税服务		
一般纳税人	原增值税纳税人		税率
	销售或者进口货物（另有列举的货物除外）；提供加工、修理修配劳务		17%
	1. 粮食、食用植物油、鲜奶		13%
	2. 自来水、暖气、冷气、热气、煤气、石油液化气、天然气、沼气，居民用煤炭制品		
	3. 图书、报纸、杂志		
	4. 饲料、化肥、农药、农机（整机）、农膜		
	5. 国务院规定的其他货物		
	农产品（指各种动、植物初级产品）；音像制品；电子出版物；二甲醚		
	出口货物		0%
	营改增试点增值税纳税人		税率
	交通运输业	陆路（含铁路）运输、水路运输、航空运输和管道运输服务	11%
	邮政业	邮政普遍服务、邮政特殊服务、其他邮政服务	11%
	现代服务业	研发和技术服务	6%
		信息技术服务	
		文化创意服务	
		物流辅助服务	
		鉴证咨询服务	
		广播影视服务	
		有形动产租赁服务	17%
		财政部和国家税务总局规定的应税服务	0%
纳税人	境内单位和个人提供的往返香港、澳门、台湾的交通运输服务		0%
	境内单位和个人在香港、澳门、台湾提供的交通运输服务		
	境内单位和个人提供的国际运输服务、向境外单位提供的研发服务和设计服务		0%
	境内单位和个人提供的规定的涉外应税服务		免税

附录 B 实训参考答案

第一部分 单项会计方法模拟实训

项目一

实训 3 将下列中文大写数字写成阿拉伯数字

（1）人民币伍佰壹拾柒元伍角肆分　　　　　　　应写成　¥517.54
（2）人民币肆亿伍仟贰佰万零陆仟玖佰柒拾捌元整　应写成　¥452 006 978.00
（3）人民币叁仟伍佰万零贰拾元捌角整　　　　　　应写成　¥35 000 020.80
（4）人民币壹拾玖万零贰拾叁元整　　　　　　　　应写成　¥190 023.00
（5）人民币捌角捌分　　　　　　　　　　　　　　应写成　¥0.88
（6）人民币柒万肆仟伍佰零贰元捌角陆分　　　　　应写成　¥74 502.86
（7）人民币玖仟叁佰元零伍角肆分　　　　　　　　应写成　¥9 300.54
（8）人民币叁佰贰拾肆万零捌佰零壹元零玖分　　　应写成　¥3 240 801.09
（9）人民币壹拾万元伍角整　　　　　　　　　　　应写成　¥100 000.50
（10）人民币陆佰万零壹元零柒分　　　　　　　　　应写成　¥6 000 001.07

实训 6 将阿拉伯数字写成中文大写数字

（1）¥128 703.49　　应写成　人民币壹佰贰拾捌万柒佰零叁元肆角玖分
（2）¥160 100.00　　应写成　人民币壹拾陆万零壹佰元整
（3）¥580.01　　　　应写成　人民币伍佰捌拾元零壹分
（4）¥3 001 070.10　应写成　人民币叁佰万零壹仟零柒拾元零壹角整
（5）¥60 000.09　　　应写成　人民币陆万元零玖分
（6）¥109 000.09　　应写成　人民币壹拾万零玖千元零玖分
（7）¥206 050.03　　应写成　人民币贰拾万零陆仟零伍拾元零叁分
（8）¥80 001.09　　　应写成　人民币捌万零壹元零玖分
（9）¥76 003 000.09　应写成　人民币柒仟陆佰万零叁仟元零玖分
（10）¥96 274.58　　　应写成　人民币玖万陆仟贰佰柒拾肆元伍角捌分

✤ 实训 7 练习日期大写

（1）2009 年 10 月 20 日 应写成 __贰零零玖年零壹拾月零贰拾日__
（2）2010 年 01 月 30 日 应写成 __贰零壹零年零壹月零叁拾日__
（3）2013 年 12 月 02 日 应写成 __贰零壹叁年壹拾贰月零贰日__
（4）2014 年 10 月 10 日 应写成 __贰零壹肆年零壹拾月零壹拾日__

项目二

✤ 实训一 原始凭证的填制

（1）6 月 1 日，开出现金支票从银行提取 3 000 元现金备用。

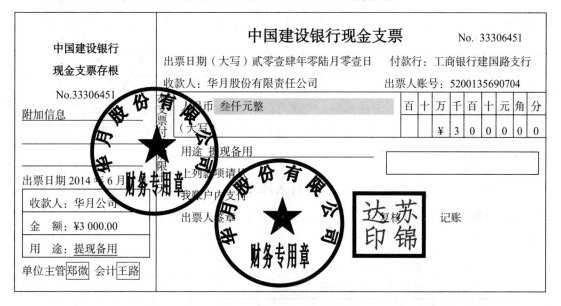

（2）6 月 1 日，销售科职工苏海赴大连开商品展销会，经批准向财务科借差旅费 2000 元，财务人员审核无误后付现金。

借款单

2014 年 6 月 1 日

部　门	销售科	借款事由	赴大连开商品展销会	
借款金额	金额（大写）贰仟元整		现金付讫	￥2 000.00
批准金额	金额（大写）贰仟元整			￥2 000.00
领导	苏锦达	会计主管	小微	出纳	马红	借款人	苏海	

（3）6月2日，出纳员将当天的销售款85 600元现金存入银行。其中，面额100元的800张，面额50元的300张，面额10元的60张。

中国建设银行现金交款单

账别：　　　　　　　　　　2014 年　　6 月 2 日

交款单位	华月股份有限责任公司			收款单位		工商银行建国路支行								
款项来源	销售款			账号	5200135690704	开户银行		工商银行建国路支行						
大写金额	人民币玖万伍仟陆佰元整					亿	千	百	十	万	千	百	十	元	角	分
								￥	9	5	6	0	0	0	0
面额一百元的			￥	8	0	0	0	0	0	0	张数：800张
面额五十元的			￥	1	5	0	0	0	0	张数：150张
面额十元的				￥	6	0	0	0	张数：60张

（4）6月8日，本月第一笔购料为向天津市海河纺织厂购进棉纱100匹，单价每匹3 000元，增值税51 000元，开出转账支票付款，材料验收入原材料库。仓库负责人：刘进；收料员：张占军；制单：马奋。

材料入库单

供应单位：天津市海河纺织厂　　　　2014 年 6 月 8 日

发票号：111111　　　　　　　　　　　　　　　　收字第 1 号

材料名称	规格材质	计量单位	应收数量	实收数量	单价	金额								
						千	百	十	万	千	百	十	元	角	分
棉纱		匹	100	100			￥	3	0	0	0	0	0	0	0
			运杂费												
			合计					3	0	0	0	0	0	0	0
备注															

仓库：原材料库 刘进　　　　会计 陈力　　　　收料员 张占军　　　　制单 马奋

中国建设银行 现金支票存根 No.33306451	中国建设银行现金支票										No. 33306451	
附加信息 _____ ———————— 出票日期 2014 年 6 月 8 日	出票日期（大写）贰零壹肆年零陆月零捌日　　付款行：工商银行建国路支行											
	收款人：海河纺织厂　　　　　出票人账号：5200135690704											
	人民币 叁拾伍万壹仟元整 （大写）	百	十	万	千	百	十	元	角	分		
		¥	3	5	1	0	0	0	0	0		
收款人：海河纺织厂	用途 支付材料款											
金　额：¥351 000.00	上列款项请从											
用　途：支付材料款	我账户内支付											
单位主管 苏锦达 会计 陈力	出票人签章　　　　　　　　复核　　　　记账											

（5）6 月 9 日，苏海开会回来报销差旅费 1 896 元，退回现金 104 元，由出纳根据差旅费报销单开出收据一张。

统一收款收据

2014 年 6 月 9 日

交款单位 或交款人	苏海	收款方式	现金
			备注：
事由 出差办事完毕，退回现金			现金收讫
金额：人民币壹佰零肆元整	¥104.00		
收款人： 马红	收款单位（盖章）		

（6）6 月 10 日，向个体户张三销售男装 5 套，每套 800 元（含增值税），销售衬衣 100 件，每件 50 元（含增值税），收到现金并开出零售发票。

河北省商品销售统一发票

发 票 联

客户名称及地址：张三   2014 年 6 月 10 日填制

品 名	规 格	单 位	数量	单 价	金 额							
					万	千	百	十	元	角	分
男装		5	套	800.00	¥ 4	0	0	0	0	0	
衬衣		100	件	50.00	¥ 5	0	0	0	0	0	
	合计				¥ 9	0	0	0	0	0	0

合计金额（大写）　　×万玖仟零佰零拾零元零角零分

填票人：苏泽　　　　收款人：马红　　　　　　单位名称（盖章）

（7）6 月 12 日，向大世界商场销售成衣，其中男衬衫 50 套每套 700 元，女裙装 30 套，每套 600 元（不含增值税），开出增值税专用发票，收到对方的转账支票，当日填写银行进账单送存银行

河北省增值税专用发票

　　　　　　　　　　　　　　　　　　　　　　　开票日期：2014 年 6 月 12 日

购货单位	名 称：大世界商场				6+〉〈2〉6〉927+296+/		加密版本：01	
	纳税人识别号：1550048815657				4/8〈600375〈35〉〈4/		37009931410	
	地址、电话：辽阳市新运大街 231 号 2011456				2-2〈2051+24+2618〈7		0445	
	开户行及账号：工商银行辽阳市分行 770186588				/3-15〉〉09/5/-1〉〉〉+2			
货物或应税劳务名称	规格型号	单位	数量	单价	金 额	税率	税 额	
男衬衫		套	50	700.00	35 000.00	0.17	5 950.00	
女裙装		套	50	600.00	30 000.00	0.17	5 100.00	
合　　计					65 000.00		11 050.00	
价税合计（大写）	人民币柒万陆仟零伍拾元整					（小写）　¥76 050.00		
销货单位	名 称：保定市华月股份有限责任公司			备注				
	纳税人识别号：1201238856789							
	地址、电话：							
	开户行及账号：工商银行建国路支行 5200135690704							

收款人：　　　　复核：　　　　开票人：苏泽　　　　销货单位（章）

第一联：抵扣联 购货方抵扣凭证

中国建设银行进账单（收账通知）

2014 年 6 月 12 日   第   号

付款人	全称	大世界商场	收款人	全称	保定市华月股份有限责任公司										交此给联收是款人款收人账开通户知行
	账号	770186588		账号	5200135690704										
	开户银行	工商银行辽阳市分行		开户银行	工商银行建国路支行										

人民币（大写）	柒万陆仟零伍拾元整	千	百	十	万	千	百	十	元	角	分
				¥	7	6	0	5	0	0	0

票据种类	转账支票	收款人开户行盖章
票据张数	1	转账收讫

单位主管 苏锦达　会计 陈力　复核 小微　记账 马红

♻ **实训二　原始凭证的审核**

（1）此原始凭证错误有以下几点：借款人王敏没有签名盖章；还要有"现金付讫"章。正确如下：

借　款　单

2014 年 4 月 3 日

部　门	供应科	借款事由：参加订货会
借款金额（人民币大写）贰仟元整	¥：2 000.00	现金付讫
批准金额（人民币大写）贰仟元整	¥：2 000.00	
领导　苏锦达	财务主管　小微	借款人 王敏

（2）此原始凭证错误有以下几点：领料部门没有写；工作项目没有写；用途没有说明；圆钢的金额计算错误；仓库负责人、记账、领料都没有相关人员签名盖章。正确如下：

华月公司领料单

领料部门：加工车间　　　　　　　　2014 年 4 月 8 日

材料		单 位	数 量		计划 单价	金 额	过 账
规格及名称			请 领	实 发			
一号钢		千克	4 000	4 000	10.00	40 000.00	
二号钢		千克	3 000	3 000	5.00	15 000.00	
工作单号	1220	用途	生产锁具				
工作项目	车工						

仓库负责人：王丹　　　　记账：王丹　　　　发料：王红　　　　领料：张静

（3）此笔业务中增值税发票有以下几点错误：金额大写有错，应为"壹拾柒万五千五百元整"字。

转账支票中日期大写里"玖日"应为"零玖"日；金额大写有错，应为"壹拾柒万五千五百元整"，应该紧挨着人民币写，中间不要留有空隙；应该有销货单位财务专用章和企业法人章。正确如下：

河北省增值税专用发票

记账联　　　　　　　　开票日期　　2014 年 4 月 9 日

购货单位	名　称：东方明珠有限公司					密码区	6＋〈2〉6〉927+296+/ *加密版本 01 446〈600375〈35〉〈4/ * 37009931410 2-2〈2051+24+2618〈7　07050445 /3-15〉〉09/5/-1〉〉〉+2		
	纳税人识别号：3708662346633898								
	地址、电话：衡水市民主路 16 号 6230355								
	开户行及账号：工商银行民主路支行 8040-4129								
货物或应税劳务名称		规格型号	单位	数量	单价	金 额	税率	税 额	
甲产品		CG-1	件	500	200.00	100 000.00	17%	17 000.00	
甲产品		HG-2	件	100	500.00	50 000.00		8 500.00	
合　计						¥150 000.00		25 500.00	
价税合计（大写）		⊗壹拾柒万伍仟伍佰元整					（小写）¥175 500.00		
销货单位	名　称：华月有限公司					备注			
	纳税人识别号：370863786263589								
	地址、电话：保定市民主路 108 号 65560368								
	开户行及账号：中国工商银行朝阳路支行 560101180016								

收款人　　　　复核　　　　开票人　张强　　　　销货单位：（章）

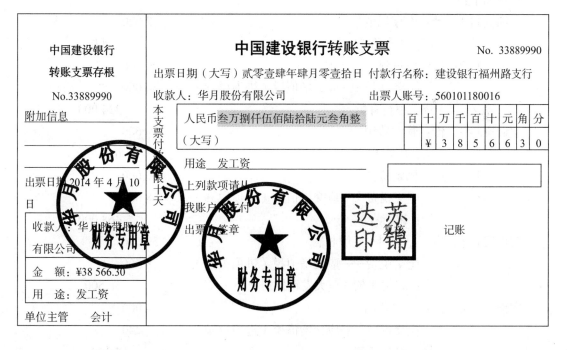

中国工商银行转账支票　　No. 33889890

出票日期（大写）贰零壹肆年肆月零玖日　　付款行名称：工商银行民主路支行
收款人：华月有限公司　　出票人账号：8040-4129

本支票付款期限十天

人民币壹拾柒万伍仟伍佰元整（大写）

	百	十	万	千	百	十	元	角	分
¥	1	7	5	5	0	0	0	0	0

用途　购货款
上列款项请从
我账户内支付
出票人签章　　复核　记账

（4）转账支票中日期大写里"壹拾"应为"零壹拾"日；金额大写"角"后应该有"整"字；应该有销货单位财务专用章和企业法人章；左边栏里应填上收款人，金额有错；正确如下：

中国建设银行转账支票存根
No.33889990
附加信息

出票日期 2014 年 4 月 10 日
收款人：华月股带服份有限公司
金　额：¥38 566.30
用　途：发工资
单位主管　　会计

本支票付款期限十天

中国建设银行转账支票　　No. 33889990

出票日期（大写）贰零壹肆年肆月零壹拾日　付款行名称：建设银行福州路支行
收款人：华月股份有限公司　　出票人账号：560101180016

人民币叁万捌仟伍佰陆拾陆元叁角整（大写）

	百	十	万	千	百	十	元	角	分
¥		3	8	5	6	6	3	0

用途　发工资
上列款项请从
我账户内支付
出票人签章　　复核　记账

（5）此笔业务中钢笔的金额计算有错，应该为 177.6 元，这样全部金额也是错的，应该为¥297.6，金额大写为人民币贰佰玖拾柒元六角整。正确应为：

河北省商品销售统一发票

客户名称及地址：华月有限公司　　　2014 年 4 月 18 日 填制

品名规格	单 位	数 量	单 价	金　额						
				万	千	百	十	元	角	分
笔记本	本	20	6.00			1	2	0	0	0
钢　笔	支	12	14.80			1	7	7	6	0
合　计					¥	2	9	7	6	0

合计金额（大写）贰佰玖拾柒元陆角整

第二联发票

填票人：刘静　　　收款人：王丽鹃　　　单位名称（盖章）

项目四

实训答案

分录如下：

实训资料 1：借：库存现金 2 000
　　　　　　　贷：银行存款 2 000

实训资料 2：借：原材料——圆钢 200 000
　　　　　　　　应交税费——应交增值税（进项税额） 34 000
　　　　　　　贷：银行存款 234 000

实训资料 3：借：管理费用 600
　　　　　　　贷：库存现金 600

实训资料 4：借：固定资产 400 000
　　　　　　　　应交税费——应交增值税（进项税额） 68 000
　　　　　　　贷：银行存款 468 000

实训资料 5：借：原材料——甲材料 50 000
　　　　　　　　应交税费——应交增值税（进项税额） 8 500
　　　　　　　贷：应付账款——大发钢铁厂 58 500

实训资料 6：借：销售费用 4 000
　　　　　　　　应交税费——应交增值税（进项税额） 240
　　　　　　　贷：银行存款 4 240

实训资料 7：借：银行存款 468 000
　　　　　　　贷：主营业务收入——甲产品 400 000
　　　　　　　　应交税费——应交增值税（销项税额） 68 000

实训资料 8：借：其他应收款——王凤 8 000
　　　　　　　贷：库存现金 8 000

实训资料业务 9：借：管理费用　　　　　　　　　　　　900
　　　　　　　　贷：银行存款　　　　　　　　　　　　　　　900

注意：新准则规定，对于中小修理费用，不管哪个部门发生的，都计入"管理费用"科目。

实训资料 10：借：应收账款——石家庄金福公司　　　353 300
　　　　　　　贷：主营业务收入——乙产品　　　　　　　　300 000
　　　　　　　　　应交税费——应交增值税（销项税额）　　51 000
　　　　　　　　　银行存款　　　　　　　　　　　　　　　2 300

实训资料 11：借：预付账款——中保保定分公司　　　3000
　　　　　　　贷：银行存款　　　　　　　　　　　　　　3 000

实训资料 12：借：银行存款　　　　　　　　　　　500 000
　　　　　　　贷：短期借款　　　　　　　　　　　　　　500 000

实训资料 13：借：银行存款　　　　　　　　　　　56 000
　　　　　　　贷：应收账款——宏大公司　　　　　　　　56 000

实训资料 14：借：银行存款　　　　　　　　　　　56 000
　　　　　　　贷：应收账款——石家庄金福　　　　　　　56 000

实训资料 15：借：应付账款——大发钢铁厂　　　　70 000
　　　　　　　贷：银行存款　　　　　　　　　　　　　　70 000

实训资料 16：借：库存现金　　　　　　　　　　　1 000
　　　　　　　贷：其他应收款——林红　　　　　　　　　1 000

实训资料 17：借：库存现金　　　　　　　　　　　800
　　　　　　　贷：其他业务收入　　　　　　　　　　　　683.76
　　　　　　　　　应交税费——应交增值税——销项税额　116.24

实训资料 18：借：生产成本——甲　　　　　　　　40 000
　　　　　　　　　　　　——乙　　　　　　　　20 000
　　　　　　　　制造费用　　　　　　　　　　　10 000
　　　　　　　　管理费用　　　　　　　　　　　5 000
　　　　　　　　销售费用　　　　　　　　　　　3 000
　　　　　　　　在建工程　　　　　　　　　　　5 000
　　　　　　　贷：应付职工薪酬—应付工资　　　　　　　83 000

实训资料 19：借：生产成本——甲　　　　　　　　145 000
　　　　　　　　　　　　——乙　　　　　　　　110 000
　　　　　　　　制造费用　　　　　　　　　　　3 000
　　　　　　　　管理费用　　　　　　　　　　　500
　　　　　　　　其他业务成本　　　　　　　　　500

                     贷：原材料——40# 圆钢   201 500
                              ——8MM 线材   57 500
实训资料 20：借：财务费用   500
           贷：应付利息   500
实训资料 21：借：制造费用   700
           管理费用   500
               贷：预付账款——财产保险费   800
                        ——报刊杂志费   400
实训资料 22：借：制造费用   7 792.5
           管理费用   3 117
           销售费用   4 000
               贷：累计折旧   14 909.5
实训资料 23：借：待处理财产损益——待处理流动资产损益   800
               贷：原材料——C 材料   800
实训资料 24：借：生产成本——甲   72 000
                    ——乙   36 000
               贷：制造费用   108 000
实训资料 25：借：库存产品——甲   240 000
                    ——乙   150 000
           贷：生产成本——甲   240 000
                    ——乙   150 000
实训资料 26：借：主营业务成本——甲   240 000
                       ——乙   192 000
       贷：库存产品——甲   240 000
              ——乙   192 000

项目六

实训 1 练习编制资产负债表

资产负债表

编制单位：华月股份有限责任公司　　　2014 年__12_月__31_日　　　　　单位：元

资　产	年初数	年末数	负债及所有者权益	年初数	年末数
流动资产：			流动负债		
货币资金		1 425 000	短期借款		300 000

续表

资　产	年初数	年末数	负债及所有者权益	年初数	年末数
交易性金融资产		64 000	交易性金额负债		
应收票据		185 000	应付票据		120 000
应收账款		981 500	应付账款		520 000
预付账款		220 000	预收账款		265 000
应收利息			应付职工薪酬		18 000
应收股利			应交税费		102 000
其他应收款		5 000	应付利息		
存货		1 640 000	应付股利		22 800
一年内到期的非流动资产		50 000	其他应付款		2 000
其他流动资产			一年内到期的非流动负债		900 000
流动资产合计		4 570 500	其他流动负债		
非流动资产			流动负债合计		2 249 800
可供出售金融资产			非流动负债		
持有至到期投资		210 000	长期借款		1 020 000
长期应收款		50 000	应付债券		200 000
长期股权投资		260 000	长期应付款		600 000
投资性房地产			专项应付款		
固定资产		4 640 000	预计负债		
在建工程		360 000	递延所得税负债		4 500
工程物资		80 000	其他非流动负债		
固定资产清理			非流动负债合计		1 824 500
生产性生物资产			负债合计		4 074 300
无形资产		250 000	所有者权益（或股东权益）：		
开发支出			实收资本（或股本）		5 000 000
商誉			资本公积		301 200
长期待摊费用		80 000	减：库存股		
递延所得税资产			盈余公积		522 000
其他非流动资产			未分配利润		603 000
非流动资产合计		5 930 000	所有者权益合计		6 426 200
资产总计		10 500 500	负债和所有者权益总计		10 500 500

⬢ 实训 2　练习利润表的编制

利　润　表

单位：甲公司　　　　　　　　　　　　　　2014 年　12 月　　　　　　　　　　　　　单位：元

项　目	上 年 数	本 年 数
一、营业收入	略	6 398 100
减：营业成本		3 519 100
营业税额及附加		799 600
销售费用		555 000
管理费用		455 000
财务费用		49 500
资产减值损失		359 700
加：公允价值变动收益（损失以"－"号填列）		141 800
投资收益（损失以"－"号填列）		1 500 000
二、营业利润		2 302 000
加：营业外收入		300 000
减：营业外支出		65 000
其中：非流动资产处置损失		
三、利润总额（亏损总额以"－"号填列）		2 537 000
减：所得税费用		634 250
四、净利润（净损失以"－"号填列）		1 902 750
五、每股收益		
（一）基本每股收益		
（二）稀释每股收益		

项目七

增 值 税 纳 税 申 报 表

（适用于增值税一般纳税人）

根据《中华人民共和国增值税暂行条例》第二十二条和第二十三条的规定制定本表。纳税人不论有无销售额，均应按主管税务机关核定的纳税期限按期填报本表，并于次月一日起十五日内，向当地税务机关申报。

税款所属时间：自 2014 年 1 月 1 日至 2014 年 1 月 31 日　　　　　　填表日期：2014 年 2 月 10 日

金额单位：元至角分

纳税人识别号													所属行业：			
纳税人名称		（公章）			法定代表人姓名			注册地址	略	营业地址	略					
开户银行及账号					企业登记注册类型			略		电话号码						

项　目		栏　次	一般货物及劳务		即征即退货物及劳务	
			本月数	本年累计	本月数	本年累计
销售额	（一）按适用税率征税货物及劳务销售额	1	210 000.00			
	其中：应税货物销售额	2	210 000.00			
	应税劳务销售额	3				
	纳税检查调整的销售额	4				
	（二）按简易征收办法征税货物销售额	5				
	其中：纳税检查调整的销售额	6				
	（三）免、抵、退办法出口货物销售额	7				
	（四）免税货物及劳务销售额	8				
	其中：免税货物销售额	9				
	免税劳务销售额	10				
税款计算	销项税额	11	357 00.00			
	进项税额	12	34 850.00			
	上期留抵税额	13	430.00			
	进项税额转出	14				
	免抵退货物应退税额	15				
	按适用税率计算的纳税检查应补缴税额	16				
	应抵扣税额合计	17=12+13-14－15+16	35 280.00			
	实际抵扣税额	18（如 17<11，则为 17，否则为 11）	35 280.00			

项　目	栏　次	一般货物及劳务		即征即退货物及劳务	
		本月数	本年累计	本月数	本年累计
应纳税额	19=11-18	420.00			
期末留抵税额	20=17-18	0			
简易征收办法计算的应纳税额	21				
按简易征收办法计算的纳税检查应补缴税额	22				
应纳税额减征额	23				
应纳税额合计	24=19+21-23	420			
期初未缴税额（多缴为负数）	25				
实收出口开具专用缴款书退税额	26				
本期已缴税额	27=28+29+30+31				
① 分次预缴税额	28				
② 出口开具专用缴款书预缴税额	29				
③ 本期缴纳上期应纳税额	30				
④ 本期缴纳欠缴税额	31				
期末未缴税额（多缴为负数）	32=24+25+26-27	420.00			
其中：欠缴税额（≥0）	33=25+26-27				
本期应补（退）税额	34=24-28-29	420.00			
即征即退实际退税额	35				
期初未缴查补税额	36				
本期入库查补税额	37				
期末未缴查补税额	38=16+22+36-37				

税款缴纳（左侧纵向标注）

授权声明	如果你已委托代理人申报，请填写下列资料：为代理一切税务事宜，现授权（地址）为本纳税人的代理申报人，任何与本申报表有关的往来文件，都可寄予此人。　　　　　　　　　　授权人签字：	申报人声明	此纳税申报表是根据《中华人民共和国增值税暂行条例》的规定填报的，我相信它是真实的、可靠的、完整的

第二部分　综合模拟实训

项目八 综合实训参考答案

会计分录：

答案

业务 1. 借：银行存款　　　　　　　　　　　　　　　　300 000

　　　　　贷：短期借款　　　　　　　　　　　　　　　　　　300 000

业务 2. 借：银行存款　　　　　　　　　　　　　　　　8 000 000

　　　　　贷：长期借款　　　　　　　　　　　　　　　　　　8 000 000

业务 3. 借：银行存款　　　　　　　　　　　　　　　　30 000

　　　　　贷：其他应付款——押金　　　　　　　　　　　　　30 000

业务 4. 借：其他货币资金——存出投资款　　　　　　800 000

　　　　　贷：银行存款　　　　　　　　　　　　　　　　　　800 000

业务 5. 借：原材料——钛　　　　　　　　　　　　　38 000

　　　　　应交税费——应交增值税——进项税额　　　6 340

　　　　　贷：银行存款　　　　　　　　　　　　　　　　　　44 340

注：2013 年 8 月 1 日，"营改增"在全国推广后，"运费"发票须是增值税专用发票，方可计算进项税额。不再按原来运费发生数乘以 7%，算出进项税额，把其余部分计入采购成本。本题的运费发票是增值税专用发票，需计算进项税额，要把发生的运费全部计入采购成本。

业务 6. 借：周转材料——档案桌　　　　　　　　　　1 600

　　　　　　　　　　——工作服　　　　　　　　　　400

　　　　　应交税费——应交增值税——进项税额　　　234

　　　　　贷：应付账款——东方家俱城　　　　　　　　　　2 340

业务 7. 借：应收票据——凯旋公司　　　　　　　　　58 500

　　　　　贷：主营业务收入——普通机床　　　　　　　　　50 000

　　　　　　　应交税费——应交增值税——销项税额　　　　8 500

　　借：主营业务成本——普通机床　　　　　　　　　30 000

　　　　库存商品——普通机床　　　　　　　　　　　30 000

业务 8. 借：库存现金　　　　　　　　　　　　　　　3 000

　　　　　贷：银行存款　　　　　　　　　　　　　　　　　　3 000

业务 9. 借：银行存款　　　　　　　　　　　　　　　386 000

　　　　　贷：应收账款——博通公司　　　　　　　　　　　386 000

业务 10. 借：应收账款——苏州鸿运公司　　　　　　　93 600

　　　　　贷：主营业务收入——普通机床　　　　　　　　　50 000

	——精密机床	30 000
	应交税费——应交增值税——销项税额	13 600
借：主营业务成本——普通机床		30 000
——精密机床		18 000
贷：库存商品——精密机床		18 000
库存商品——普通机床		30 000

业务 11. 借：财务费用   900
        银行存款   179 100
      贷：应收票据——宏利公司   180 000

业务 12. 借：在建工程——厂房扩建   1 400 000
      贷：银行存款   140 0000

业务 13. 借：固定资产——精密机床   37 200
        应交税费——应交增值税——进项税额   6 324
      贷：银行存款   43 524

业务 14. 借：在建工程——数控机床   300 000
        应交税费——应交增值税——进项税额   51 000
      贷：银行存款   351 000
      借：在建工程——数控机床   4 000
      贷：银行存款   4 000

业务 15. 借：固定资产——数控机床   304 000
      贷：在建工程——数控机床   304 000

业务 16. 借：固定资产清理   80 000
      借：累计折旧   100 000
      贷：固定资产   180 000
      借：银行存款   30 000
      贷：固定资产清理   29 423.08
      应交税费——未交增值税   576.92
      借：营业外支出   50 576.92
      贷：固定资产清理   50 576.92

注：按照准则，2009 年 1 月 1 日之前购入的固定资产不抵扣增值税。本题 2006 年购入，所以未抵扣过增值税。出售未抵扣过增值税的固定资产，按照简易办法依 4%征税率减半征收增值税。

业务 17. 借：原材料——钢   400 000
        应交税费——应交增值税——进项税额   68 000
      贷：应付账款——宏实公司   468 000

业务 18.　借：应付账款——宏实公司　　　　　　　　 468 000

　　　　　　　　贷：银行存款　　　　　　　　　　　　　　　　 468 000

业务 19.　借：固定资产清理　　　　　　　　　　　　　　 8 556

　　　　　　　　累计折旧　　　　　　　　　　　　　　　 115 444

　　　　　　　　　　贷：固定资产　　　　　　　　　　　　　　 124 000

　　　　　　借：银行存款　　　　　　　　　　　　　　　 3 000

　　　　　　　　　　贷：固定资产清理　　　　　　　　　　　　 2 942.31

　　　　　　　　　　　　应交税费——未交增值税　　　　　　　 57.69

　　　　　　借：营业外支出　　　　　　　　　　　　　　 5 613.7

　　　　　　　　　　贷：固定资产清理　　　　　　　　　　　　 5 613.7

业务 20.　借：持有至到期投资——面值　　　　　　　 100 000

　　　　　　　　贷：银行存款　　　　　　　　　　　　　　　　 100 000

业务 21.　借：银行存款 6470

　　　　　　　　贷：交易性金融资产——成本　　　　　　　　　 4 300

　　　　　　　　　　　　　　　　——公允价值　　　　　　　　 1 200

　　　　　　　　贷：投资收益　　　　　　　　　　　　　　　　 970

　　　　　　借：公允价值变动损益　　　　　　　　　　 1 200

　　　　　　　　贷：投资收益　　　　　　　　　　　　　　　　 1 200

业务 22.　借：销售费用　　　　　　　　　　　　　　　 8 000

　　　　　　　　应交税费——应交增值税——进项税额　 480

　　　　　　　　贷：银行存款　　　　　　　　　　　　　　　　 8 480

　　注：本题中支付广告费属于“营改增”的内容应缴增值税的劳务。如果企业收到的是对方开具的广告费内容的增值税专业发票，是可以计算进项税额的。本题由于收到的是广告费内容的增值税专业发票，故可计算进项税额。

业务 23.　借：应付职工薪酬——职工教育经费　　　　 8 000

　　　　　　　　贷：银行存款　　　　　　　　　　　　　　　　 8 000

业务 24.　借：银行存款　　　　　　　　　　　　　　　 70 200

　　　　　　　　贷：主营业务收入——精密机床　　　　　　　　 60 000

　　　　　　　　贷：应交税费——应交增值税——销项税额　　　 10 200

　　　　　　借：主营业务成本——精密机床　　　　　　 36 000

　　　　　　　　贷：库存商品——精密机床　　　　　　　　　　 36 000

业务 25.　借：应收票据——华丰公司　　　　　　　　　 98 280

　　　　　　　　贷：主营业务收入——精密机床　　　　　　　　 84 000

　　　　　　　　　　应交税费——应交增值税——销项税额　　　 14 280

　　　　　　借：主营业务成本——精密机床　　　　　　 50 400

    贷：库存商品——精密机床   50 400

 业务 26. 借：银行存款   4 500

     贷：应收账款——通达公司   4 500

 业务 27. 借：银行存款   4 500

     贷：其他业务收入   3 846.15

     贷：应交税费——应交增值税——销项税额 653.85

  注：2013 年 8 月 1 日后，"营改增"在全国推广。此题为"营改增"中有形动产租赁业务，应交增值税税率为 17%。此题收到的款项为价税合计，因此要实行价税分离。

 业务 28. 借：预付账款——保险费   3 080

     贷：银行存款   3 080

 业务 29. 借：交易性金融资产——公允价值变动—凭证式国债1 000

         ——天马股份   200

     贷：公允价值变动损益   1 200

 业务 30. 借：银行存款   5 000

     贷：其他业务收入——信达商行   5 000

  注：本题和业务 3 是紧密联系的，属于房屋建筑物租赁，属于交营业税的范畴，和业务 27 出租汽车要区别开。业务 27 出租汽车属于有形动产租赁，属于交增值税的范畴。

 业务 31. 借：财务费用   1 450

     应付利息   5 800

     贷：银行存款   7 250

 业务 32. 借：库存现金   27 910

     贷：银行存款   27 910

    借：应付职工薪酬——应付工资   27 910

     贷：库存现金   27 910

    借：应付职工薪酬——应付工资   1 630

     贷：其他应付款——房租   1 630

 业务 33. 借：生产成本——基本生产车间——普通机床 6 975

       ——基本生产车间——精密机床 6 975

       ——基本生产车间——数控机床 1 770

     生产成本——辅助生产车间——机修 5 640

     管理费用   6 800

     职工薪酬——应付福利费   680

     销售费用   700

     贷：应付职工薪酬——应付工资   29 540

业务 34.　借：制造费用——基本生产　　　　　　　　　30 182

　　　　　　　制造费用——辅助生产——工具车间　　　2 750

　　　　　　　制造费用——辅助生产——机修车间　　　4 728

　　　　　　　管理费用　　　　　　　　　　　　　　　8 000

　　　　　　　　贷：累计折旧　　　　　　　　　　　　　　　　　45 660

业务 35.

应交增值税计算表

2014 年 12 月

当期销项税额	当期进项税额	当期进项税额转出	已交税额	应交增值税
47 233.85	126 378			−79 914.15

制表：　　　　　　　　　　审核：　　　　　　　　　　　2014 年 12 月 31 日

期末留抵税额暂不做分录。

业务 36.

应交城建税及教育费附加计算表

2014 年 12 月

税　种	计税依据				税　率	应纳税额额
	增值税	营业税	消费税	合　计		
城建税	0	0	0	0	7%	0
教育费附加	0	0	0	0	0	0
合　计						0

制表：　　　　　　　　　　审核：　　　　　　　　2　　014 年 12 月 31 日

　　因为本月城建税、教育附加费的计税依据增值税、营业税、消费税都是零，所以无须缴纳城建税、教育附加费，故不做账务处理。

业务 37.　借：管理费用　　　　　　　　　　　　　　　590.8

　　　　　　　贷：应付职工薪酬——工会经费　　　　　　　590.8

业务 38.　借：管理费用　　　　　　　　　　　　　　　738.5

　　　　　　　贷：应付职工薪酬——职工教育经费　　　　　738.5

业务 39. 全年收入、费用合计

科目名称	借方发生额	贷方发生额
主营业务收入		13 500 000+50 000+50 000+30 000+ 60 000+84 000=13 774 000
主营业务成本	9 100 000+30 000+30 000+18 000+36 000+50 400= 9 264 400	
营业税额及附加	30 000	
销售费用	240 000+8 000+700=248 700	
管理费用	874 000+6 800+8 000+590.8+738.5=890 129.3	
财务费用	265 000+900+3 000=268 900	
其他业务收入		141 446.15
其他业务成本	89 000	
投资收益		42 200+970+1 200=44 370
营业外收入		40 000
营业外支出	29 800+50 576.92+5 613.7=85 990.62	
公允价值变动损益		0
合计	10 877 119.92	13 999 816.15

利润总额=收入类科目−费用类科目=13 999 816.15−10 877 119.92=3 122 696.23（元）

所得税计算表

2014 年 12 月 31 日

全年利润总额	其中：中库券利息收入	超过扣税标准的业务待费	应纳税所得额
3 122 696.23	5 600	3 200	3 120 296.23
税　率	25%	全年应纳所得税	780 074.06
1~11 已计提	330 000	本月应计提	450 074.06

复核：　　　　　　　　　　　　　　制表：

借：所得税费用　　　　　　　　　　　　　450 074.06

　　贷：应交税费——应交所得税　　　　　　　　　　450 074.06

业务 40. 只结转 12 月的，1~11 月的已经结转

借：主营业务收入　　　　　　　　　　　　274 000

　　投资收益　　　　　　　　　　　　　　2 170

　　其他业务收入　　　　　　　　　　　　8 846.15

　　　贷：本年利润　　　　　　　　　　　　　　　　　　285 016.15
　　借：本年利润　　　　　　　　　　　　　699 393.98
　　　贷：主营业务成本　　　　　　　　　　　　　　　　164 400
　　　　销售费用　　　　　　　　　　　　　　　　　　8 700
　　　　管理费用　　　　　　　　　　　　　　　　　　16 129.3
　　　　财务费用　　　　　　　　　　　　　　　　　　3 900
　　　　营业外支出　　　　　　　　　　　　　　　　　56 190.62
　　　　所得税费用　　　　　　　　　　　　　　　　　450 074.06
　业务 41.

盈余公积计算表

2014 年 12 月 31 日

全年税后净利润	法定盈余公积 10%	公益金 5%	合计
2 342 622.17	234 262.22	117 131.11	351 393.33

复核：　　　　　　　　　　　　制表：

　　借：利润分配——提取法定盈余公积　　　　234 262.22
　　　　　　　——公益金　　　　　　　　　　117 131.11
　　　贷：盈余公积——提取法定盈余公积　　　　　　234 262.22
　　　　　　　——公益金　　　　　　　　　　　　117 131.11
　业务 42.　借：本年利润　　　　　　　　　2 342 622.22
　　　　　　　贷：利润分配——未分配利润　　　　　　2 342 622.22
　业务 43.　借：利润分配——未分配利润　　　351 393.33
　　　　　　　贷：利润分配——提取法定盈余公积　　　234 262.22
　　　　　　　　　　——公益金　　　　　　　　　　117 131.11

参考文献

[1] 财政部. 企业会计准则. 北京：经济科学出版社，2014.

[2] 注册税务师职业资格考试编写组. 税收代理实务. 北京：中国税务出版社，2014.

[3] 王剑平. 会计技能实训. 北京：电子工业出版社，2012.

[4] 王满亭. 基础会计模拟实训教程. 北京：电子工业出版社，2010.

反侵权盗版声明

　　电子工业出版社依法对本作品享有专有出版权。任何未经权利人书面许可，复制、销售或通过信息网络传播本作品的行为；歪曲、篡改、剽窃本作品的行为，均违反《中华人民共和国著作权法》，其行为人应承担相应的民事责任和行政责任，构成犯罪的，将被依法追究刑事责任。

　　为了维护市场秩序，保护权利人的合法权益，我社将依法查处和打击侵权盗版的单位和个人。欢迎社会各界人士积极举报侵权盗版行为，本社将奖励举报有功人员，并保证举报人的信息不被泄露。

举报电话：（010）88254396；（010）88258888

传　　真：（010）88254397

E-mail：　dbqq@phei.com.cn

通信地址：北京市万寿路 173 信箱

　　　　　电子工业出版社总编办公室

邮　　编：100036